E. MERVEILLEUX DU VIGNAUX

Au Fil de la Vie

AVIGNON
MAISON AUBANEL FRÈRES
7, Place Saint-Pierre, 7

1929

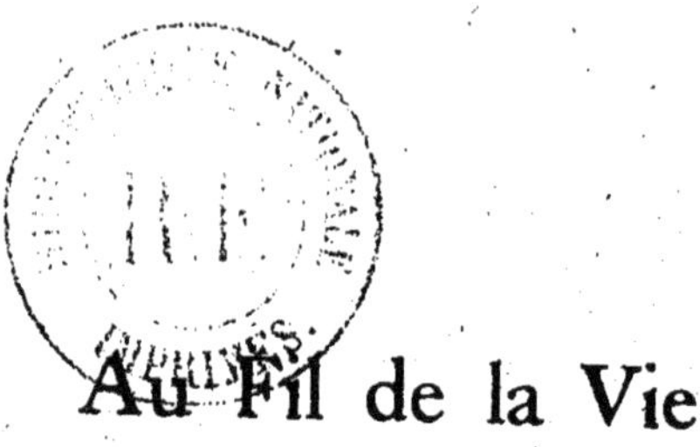

Au Fil de la Vie

E. MERVEILLEUX DU VIGNAUX

Au Fil de la Vie

AVIGNON
MAISON AUBANEL FRÈRES
7, Place Saint-Pierre, 7

1929

JEUX ET PROMENADES

Promenade au Bois

Monsieur de Carabas rouge, grave, pansu,
satisfait d'exhiber un habit fort cossu
avec boutons dorés et jabot de dentelle,
promène dans ses bois sa mine solennelle
tandis que, pour parer à tout événement,
un grand laquais le suit respectueusement.

Le temps est doux, le ciel est bleu, les oiseaux chantent,
et la forêt embaume, et les ruisseaux s'argentent
aux reflets chatoyants des rayons de soleil;
mais les chants, les parfums et le matin vermeil
ne pouvant s'emporter ni se vendre à personne,
monsieur de Carabas obligeamment les donne
à qui veut bien les prendre, et garde seulement
le produit de ses bois d'un plus sûr rendement.
Cependant la tiédeur de l'air que l'on respire
adoucit son humeur; c'est avec un sourire
qu'il répond au salut d'un fort gentil garçon
rencontré sur la route, et même, sans façon,
le digne gentilhomme en passant l'interpelle :
« Dites-moi, mon ami, comment on vous appelle,

et pour quelle raison je vous rencontre ici?

— La raison, Monseigneur? Votre bois est joli;
quand il fait beau, j'y viens flâner, je me promène,
et celui qui vous parle est Jean de La Fontaine.

— Voulez-vous un conseil, jeune homme? Croyez-moi,
vous perdez votre temps. Cherchez un bon emploi
qui vous rapporte gros; laissez la flânerie
pour gagner des écus. Avec eux, dans la vie,
vous aurez des amis, des honneurs, des plaisirs,
l'estime du public, et plus tard des loisirs,
alors que vous verrez le rêveur ou l'artiste
végéter pauvrement, dédaigné, seul et triste. »

Esquissant un salut d'un geste de la main,
monsieur de Carabas se remit en chemin
suivi de son laquais, et Jean de La Fontaine
murmurait : « Le pauvre homme ! Il me fait de la peine.
Sa forêt merveilleuse est à moi plus qu'à lui,
c'est pour moi qu'elle embaume et se pare aujourd'hui,
c'est à moi qu'appartient la perle déposée
par l'aurore au milieu des gouttes de rosée,
et c'est à moi que s'offre en manière de banc
ce vieil arbre abattu sur le bord de l'étang. »
Il essuya le tronc du revers de sa manche,
et s'assit pour songer à l'ombre d'une branche
qu'un chêne complaisant laissait pencher sur l'eau.
Il s'amusait à voir tout un monde nouveau
s'animer devant lui; des fourmis affairées
cheminaient à l'abri d'herbes enchevêtrées;
un lapin qui passait montra son plumet blanc;
un écureuil surpris laissa tomber un gland

et monta se cacher dans l'écorce entr'ouverte;
nageant près de la rive, une grenouille verte
contempla l'étranger de ses yeux cerclés d'or,
puis plongea brusquement et reparut encor;
un héron s'envola d'un lent battement d'ailes,
laissant pendre sous lui ses longues pattes grêles.
Le vent léger ridait la surface des eaux;
un doux bruissement s'exhalait des roseaux
se mêlant à la voix plus grave du grand chêne,
comme s'ils se parlaient, et Jean de La Fontaine
écoutait recueilli l'écho mystérieux
qui prolongeait en lui l'accord harmonieux.
Des rimes se hâtant arrivaient à la file
l'une après l'autre, ainsi que la brebis docile
accourt vers le berger quand revient le troupeau.
Il déclama : « Le chêne, un jour, dit au roseau.... »
La grenouille glissa sous une herbe voisine;
le murmure des bois répondait en sourdine.
Il tenait son début; le plus fort était fait;
le reste vint tout seul, et chacun le connaît.

Versailles

En errant dans le parc, j'ai retrouvé sans peine
le chemin familier du bosquet de la Reine
où, quand j'étais enfant j'ai joué tant de fois.
On y respire encor l'odeur fraîche des bois;
le soleil, à travers les feuilles du vieil arbre
chauffe de ses rayons l'antique banc de marbre
où, mon livre à la main, j'apprenais mes leçons
bercé par la rumeur confuse des buissons.
Sous leur dôme léger, Diane chasseresse
comme au temps du grand roi, svelte et blanche se dresse
dans le jardin désert; le gardien nonchalant
s'en est allé d'un pas silencieux et lent.

C'est alors qu'elles sont venues
du fond des larges avenues,
robes noires et rubans bleus,
cheveux bouclés, et dans les yeux
l'éclat joyeux de la jeunesse;
elles se tiennent par la main,
leur chanson le long du chemin
est douce comme une caresse.

« Nous sortons du lointain passé,
mais sur nous le temps a glissé
sans nous effleurer de son aile,
nous laissant à l'heure si belle
où s'ouvrait à nos yeux ravis
l'avenir baigné de lumière,
quand nous ignorions le mystère
caché dans nos cœurs endormis.

Comme autrefois sous les ombrages
où jadis nous guettaient les pages,
nos pas légers foulent encor
le gazon semé de fleurs d'or;
mais pour un instant ranimées
par un secret enchantement,
nous apparaissons seulement
à ceux qui nous auraient aimées.

A Saint-Cyr, quand venait le roi,
nous nous rangions en grand émoi
près de madame la marquise.
Très digne dans sa robe grise,
la presque reine Maintenon
faisait sa belle révérence,
et nous inclinions en cadence
nos petits bonnets de linon.

Alors sous sa perruque blonde,
le roi souriait à la ronde
en soulevant son grand chapeau,
la main s'appuyant au pommeau

de sa canne à manche d'ivoire,
ainsi qu'il est représenté
saluant avec majesté
ses drapeaux un jour de victoire.

C'était le temps, rappelez-vous,
où Racine écrivait pour nous
les vers d'Esther et d'Athalie.
La merveilleuse tragédie
nous ouvrait un monde enchanté
dont la timide souveraine
de captive devenait reine
par le charme de sa beauté.

Aussi, quand on était choisie
pour jouer en cérémonie
l'un des rôles devant le roi,
quelle ivresse, mais quel effroi !
Sous les yeux de monsieur Racine
qui nous observait sans façon,
nous récitions notre leçon
le cœur battant dans la poitrine.

Il écoutait silencieux
couler ses vers harmonieux.
Souvent il songeait, sans rien dire,
mais parfois avec un sourire
il murmurait très doucement :
« Mademoiselle, un peu plus d'âme ! »
et nous reprenions avec flamme
le solennel ronronnement.

Et puis un jour en beaux costumes
avec des aigrettes de plumes,
portant des anneaux d'or aux bras,
diamants, perles, falbalas,
un peu de rouge à la pommette,
et sous l'œil un soupçon de noir,
reine ou princesse pour un soir,
nous paraissions sur la sellette.

A nos pieds, dans le demi-jour,
nous devinions toute la cour,
n'osant regarder, éblouies
par la rampe aux mille bougies.
Lorsque notre voix s'élevait
nous la reconnaissions à peine,
musique étrangère et lointaine
du beau songe qui s'enfuyait.

Et comme un flot coulant sans cesse,
fuyait aussi notre jeunesse.
L'une après l'autre nous partions,
mais sur le seuil que nous quittions
pour nous disperser dans la vie,
notre pas tremblant hésitait;
un peu de nous-mêmes restait
dans la vieille demeure amie.

Quand décroît le jour incertain,
nous revenons du temps lointain
errer comme des étrangères
au parc où nos ombres légères

évoquent les ans d'autrefois;
pour ceux qui savent nous entendre
il y passe encor l'appel tendre
et le murmure de nos voix. »

Les groupes se perdaient au loin dans les allées;
le vent du soir glissant sur les herbes foulées
y cueillait le parfum qui monte avec la nuit,
et les chants s'éteignaient comme un écho s'enfuit.
Sous les arbres mêlant leur feuillage dans l'ombre,
l'eau des bassins faisait une tache plus sombre;
le lent balancement des branches se calmait,
peuplé de souvenirs le vieux parc s'endormait,
tandis que. déployant sa pompe triomphale,
le soleil se couchait dans la pourpre royale,
et qu'un dernier rayon du globe étincelant
rougissait le château de son reflet sanglant.

Trianon

Trianon. La reine est bergère;
linon blanc et poudre légère,
houlette à rubans, les bras nus,
souliers de satin tout menus.
Besenval donne la réplique
à Vaudreuil pimpant et bavard,
et voici, rêvant à l'écart,
le beau Fersen mélancolique.

Lamballe avec ses blonds cheveux
ses lèvres rouges, ses yeux bleus,
ses doigts fins, joue à la meunière,
et Polignac est la fermière.
Les moutons blancs sont tout frisés
chacun d'eux porte une clochette,
on dirait qu'ils ont fait toilette
et qu'eux aussi sont déguisés.

Les vieux arbres couverts de mousse
laissent parmi leur ombre douce
couler des rayons de soleil.
Le gazon très vert est pareil

aux plus moëlleux tapis de laine.
A travers le parc on entend
des voix qui montent par instant,
des rires qu'on devine à peine.

Et l'amour a tiré narquois
une flèche de son carquois.
Debout sur le socle de marbre,
il avise au pied d'un gros arbre
une bergère et son berger
en train de lui conter fleurette.
Sous l'œil du chasseur qui les guette
ils ont oublié le danger.

« Et le roi ?
— Sa majesté chasse.
— Et les Etats ?
— Grand bien leur fasse !
Dieu merci, les plus longs discours
ne peuvent pas durer toujours.
Quand finira ce bavardage ?
On ne sait; mais l'heure viendra
où chacun chez soi s'en ira.
Au revoir, messieurs; bon voyage. »

Pourtant parfois, fermant les yeux
la reine songe aux jours heureux
où, jadis, fêtée, acclamée,
elle était sûre d'être aimée.

Pourquoi l'amour s'est-il flétri ?
D'où vient cette haine mortelle
qu'elle sent rôder autour d'elle ?
Pourquoi tout s'est-il assombri ?

Déjà sur le hameau rustique
tombe le soir mélancolique;
un jour de plus s'en est allé.
Maintenant le ciel étoilé
verse la paix et le silence;
les fleurs embaument le jardin,
là-bas, dans l'ombre, un clavecin
accompagne un air vieille France.

C'est une belle et douce nuit.
Le dauphin dans son petit lit,
bercé par cette voix lointaine,
écoute chanter maman-reine.
Le vent qui souffle par moment
se glisse parmi les ramures
et cueille en passant leurs murmures.
On dirait un sourd grondement.

Loin des clameurs de la grand'ville,
ce soir encor, dormez tranquille
petit dauphin; un temps viendra
où Simon vous éveillera.
Dans le salon plein de lumières
ce soir encor, reine, chantez;
sans songer à demain, goûtez
ces heures douces... les dernières.

Au Pays romantique

Pour me distraire, après dîner,
je suis allé me promener
les yeux clos au pays du rêve.
Le flot bleu dormait sur la grève
où s'allongeait l'ombre des pins;
à l'horizon les monts lointains
prenaient une couleur dorée.
C'est là que je l'ai rencontrée.

En robe courte, les pieds nus,
les cheveux flottants retenus
par une guirlande légère,
elle marchait dans la lumière
gracieuse et souple, et pourtant
son regard semblait par instant
suivre une image douloureuse
au loin, sur la route poudreuse.

— Belle, où donc allez-vous par là ?
N'êtes-vous pas Graziella
ou Mignon la bohémienne ?
Dites-moi quelle est votre peine

et d'où vient le secret tourment
qui met sur votre front charmant
cette grâce mélancolique
de l'héroïne romantique.

— Mon nom ? Je n'en ai pas. Depuis
la première amante, je suis
sous tous les noms toujours la même.
Pour la vie à celui que j'aime
je laisse mon cœur sans retour;
je suis le confiant amour
toujours fidèle, toujours tendre,
et je ne sais pas me reprendre.

Prête à chanter comme à souffrir,
et s'il le faut même à mourir,
je viens à l'appel du poète.
Il me pare, il orne ma tête
des fleurs qu'il mêle à mes cheveux;
il avive l'éclat des yeux,
il m'habille à sa fantaisie
comme une victime choisie.

Il met d'harmonieux accents
des chansons, des mots innocents
et des paroles caressantes
sur mes lèvres obéissantes.
Mon âme ignorant son amour
se livre un peu plus chaque jour.
Je donne mes pleurs, mon sourire,
et pour lui plaire, je soupire.

Et puis, comme tout ici-bas
n'a qu'un temps, il est bientôt las
de notre idylle attendrissante :
il part pour affaire pressante
et me quitte le cœur brisé,
non sans avoir poétisé
la scène de l'adieu suprême
qu'il a soin de régler lui-même.

Le pauvre ami très loin là-bas
sait bien qu'il ne reverra pas
son amante sacrifiée;
mais il ne m'a pas oubliée.
Il ne veut pas, car il est bon,
me laisser seule à l'abandon
pleurer ma jeunesse perdue.
Alors, il faut bien qu'il me tue !

Parfois je meurs d'un accident;
c'est pénible. Le plus souvent,
comme l'oiseau ferme son aile,
mon cœur, sous l'étreinte mortelle,
ralentit son rythme léger,
tandis qu'un parfum d'oranger
montant de la campagne verte
entre par la fenêtre ouverte.

Puis je me soulève à demi,
et de là-bas le pauvre ami
guide encore ma main défaillante,
me dictant la lettre touchante

qui lui portera mon adieu.
En écrivant, je pleure un peu;
la tache d'encre délayée
s'étend sur la feuille mouillée.

Et c'est fini, je ne suis plus
pour lui qu'un souvenir confus,
la forme vague d'une image
après qu'il a tourné la page....
Peut-être même en ce moment
murmure-t-il négligemment :
« L'histoire est un peu langoureuse,
mais la fin me paraît heureuse. »

. . . .

Comme le poète cruel,
parfois dans le monde réel
nous aussi, sans le savoir même
nous blessons le cœur qui nous aime
en nous jouant de son amour.
Alors quand, à la fin du jour
s'achève la route suivie,
on est seul au soir de la vie.

Muse des Bois

« Seulette, par la grande allée,
la belle au bois s'en est allée.... »

Belle, permettez-vous que je vous accompagne ?
Nous partirions ensemble à travers la campagne;
aux champs je cueillerais des fleurs pour vos cheveux;
à l'ombre des buissons, nous marcherions tous deux
sans parler... je comprends si bien votre sourire !
Les mots toujours pesants sont comme les doigts lourds
qui déchirent la soie et froissent le velours;
les yeux aimants savent tout dire.

Donc nous nous en irons par les prés et les bois
où traîne encor l'écho des chasses d'autrefois;
où se dressent au fond des larges avenues
les vieux manoirs avec leurs tourelles pointues,
où le prince charmant au temps jadis cherchait
la princesse endormie, où légères, coiffées
de rayons de soleil se promenaient les fées,
où Berthe au grand pié se cachait.

Et nous verrons encore errer dans les allées
les figures de rêve et les formes voilées
qui passent en glissant mais qu'on n'approche pas;
nous entendrons leurs chants se répondre tout bas
en se mêlant au bruit du vent parmi les branches,
et les rimes viendront se poser doucement
comme les soirs d'été descendent lentement
en vol plané les ailes blanches.

Puis la nuit tombera sur les champs et les bois.
Alors, nous rentrerons tandis qu'au loin les voix
des clochers jetteront leurs appels dans la plaine;
l'air sera parfumé de thym, de marjolaine,
je vous dirai mes vers, vous les écouterez,
et s'ils ont par hasard le bonheur de vous plaire,
comme dans la chanson que vous savez, j'espère,
belle, que vous m'embrasserez.

Idylle automobile

VOYAGE DE NOCES

Nous avions pris, en ce temps-là c'était l'usage,
la W, marque Panhard, douze chevaux,
et nous allions je ne sais où, par monts, par vaux.
Vous rappelez-vous ce voyage ?

Le moteur ronronnait sa plus douce chanson,
le clakson soupirait son appel le plus tendre,
le châssis frémissait; il me semblait entendre
nos deux cœurs battre à l'unisson.

Tout fuyait, bois, maisons, bornes kilométriques,
et le vent se jouait parmi vos blonds cheveux,
la route n'était plus qu'un long ruban soyeux
aspiré sous les pneumatiques.

Votre pied reposait sur l'accélérateur
et l'auto bondissait ne laissant en arrière,
quand nous avions passé, qu'un voile de poussière...
tout ce qui reste du bonheur.

La nuit vint, nous marchions à la clarté des phares
poursuivant le rayon qui courait devant nous,
et nous glissions bercés d'un mouvement très doux
au milieu de formes bizarres.

Le ciel pur fourmillait d'étoiles, et parfois
des lumières brillaient au fond de la vallée,
nous respirions l'odeur de l'essence mêlée
au parfum subtil des grands bois.

Nous nous taisions, souvent c'est le plus clair langage,
seuls dans la nuit tous deux nous nous sentions si bien !
Et peut-être d'ailleurs ne pensions-nous à rien....
Vous rappelez-vous ce voyage ?

Les Enfants jouent

Au jardin, je revois Lilette
parmi les brumes du passé;
nous jouons; elle a ramassé
roses, bleuets pour sa toilette.
Elle a piqué dans ses cheveux
les bleuets bleus comme ses yeux;
elle a fait un collier des roses,
moins fraîches que ses lèvres roses.
Rieuse et grave tour à tour,
complaisamment, elle se laisse
admirer comme une princesse
qui passe au milieu de sa cour.

Jours de printemps et jours d'automne;
nous aussi, nous nous en allons :
plus de jardin..., de beaux salons;
plus de princesse..., une baronne.
Autour d'elle, rumeur des voix
qui parlent toutes à la fois.
Elle trône et sourit heureuse
dans sa toilette vaporeuse,
un collier de perles au cou,
du rouge à ses lèvres fanées.
En vain ont couru les années,
Lilette fait encor joujou.

Bridge

Lorsqu'entre gens du monde, on a parlé du temps,
des bals de la saison, des chasses, des absents,
même (cela s'est vu) du roman qu'il faut lire,
il arrive bientôt qu'on n'a plus rien à dire.
Les gâteaux sont mangés; le thé se refroidit,
la conversation se traîne et s'alourdit,
mais le cas est prévu. Sur les tables ouvertes
les cartes à jouer blanches, rouges ou vertes,
offrent leur éventail étalé largement,
et leur appel discret murmure doucement :
« Voyons, n'avez-vous pas assez de l'éloquence ?
Venez, nous attendons, c'est l'heure du silence. »
On s'assied, et voici que la rumeur des voix
s'éteint comme l'écho, le soir dans les grands bois.

Que le jeu soit béni ! C'est le calme, la trêve,
le repos sans l'ennui, le sommeil sans le rêve;
c'est la sieste à l'endroit qu'on choisit en chemin,
et l'oubli des soucis d'hier et de demain.
Il suffit de compter des carreaux et des piques
pour se sentir si loin des tracas domestiques,

de la bonne qui part, du chauffeur qui la suit,
du loyer qui s'augmente et du bail qui s'enfuit.
On a l'illusion de faire quelque chose
tout en ne faisant rien. Comme un oiseau se pose
et, la tête sous l'aile, engourdi de sommeil
attend pour s'envoler le retour du soleil,
ainsi, sans y songer, sans regret, sans envie,
on laisse disparaître un morceau de la vie,
dont aucun souvenir jamais ne reviendra;
et lorsqu'arrive enfin l'heure où chacun s'en va
pour reprendre au dehors la tâche commencée,
les joueurs, sans scruter le fond de leur pensée
sentent obscurément qu'ils ont longtemps dormi,
et que rien ici-bas ne vaut encore l'oubli.

Puzzle

Plaisir tranquille d'enfant sage.
Des petits morceaux mis en tas,
il s'agit de faire une image,
mais laquelle ? on ne le sait pas.
On tâtonne, on cherche, on assemble
prudemment deux pièces ensemble,
on ajuste un nouveau fragment.
Voici des branches, leurs feuillages,
un coin de ciel où des nuages
viennent se poser lentement.

Un autre jeu de patience,
le même au fond, a ses fervents ;
c'est le puzzle de la science.
D'un regard pensif, les savants
contemplent, penchés sur leur table
tout un fouillis inextricable
qu'ils cherchent à débrouiller... mais
bientôt ils s'en vont ou se lassent ;
d'autres les remplacent et passent,
et le jeu ne finit jamais.

Album

La page d'album est à plaindre,
quand on lui ravit sa blancheur.
D'un amateur on peut tout craindre;
qu'il soit poète, prosateur,
humoriste ou profond penseur,
qu'il dessine ou se mette à peindre,
la pauvre page est bien à plaindre.
Quand on l'outrage elle se tait,
car elle reste sans défense,
seulement après le méfait
n'ayant pas oublié l'offense
elle dit : « Ayez l'obligeance
de regarder ce qu'on m'a fait. »
Et c'est la plus sûre vengeance.

Concours hippique

De tout temps, le concours hippique
fut un sport aristocratique.
Chacun sait que dans les tournois
les bons chevaliers d'autrefois
brisaient des lances et des lames
sous les beaux yeux des belles dames,
et s'escrimant avec entrain
restaient parfois sur le terrain.
De nos jours, où tout dégénère,
le plaisir est moins sanguinaire;
habits rouges, officiers bleus,
écuyers noirs, les nouveaux preux
ne menacent plus que l'obstacle.
C'est d'ailleurs un joli spectacle;
les chevaux galopent en rond,
s'excitent, franchissent d'un bond
le mur en bois peint, la barrière
qui ne ferme rien, la rivière
qui ne coule pas, le talus
qui dans huit jours n'y sera plus.
Des barres tombent, se disloquent;
les fanfares des cors évoquent

les courses à travers les bois
et les pauvres cerfs aux abois.
Quand parfois un cheval renâcle
et dérobe devant l'obstacle,
ou las d'avoir beaucoup sauté,
s'obstine à passer à côté,
le public est joyeux sans doute,
mais combien plus encore il goûte
le spectacle d'une pleine eau,
où le képi fait un bateau !
Dans la tribune avec mystère
le grave jury délibère;
sur des fauteuils numérotés
s'étagent les autorités
militaires, préfectorales,
civiles et municipales;
l'air absorbé, les convaincus
munis de leurs crayons pointus
font des marques sur les programmes;
d'autres s'agitent près des dames.
Sous les vieux arbres, des rayons
se faufilent jusqu'aux gazons
où leur reflet changeant se pose.
On regarde, on circule, on cause,
on laisse dormir les soucis.
Les gens d'âge mûr sont assis,
mais on voit des toilettes claires
près d'uniformes militaires
côte à côte errer longuement.
S'ils y trouvent de l'agrément,

c'est pour le mieux; les jeunes filles
restent sous les yeux des familles;
quant à ce qu'ils disent entre eux,
ne soyons pas trop curieux.
Le soleil baisse et le temps passe,
cependant qu'à la même place
d'autres chevaux viennent encor
tourner, sauter au son du cor.
Et l'on croit entendre en sourdine
le refrain de ronde enfantine :

« Dans la vie, ainsi font, font, font,
toujours les mêmes pirouettes
nos petites marionnettes;
c'est la vie, ainsi font, font, font,
trois petits tours... et puis s'en vont. »

Poitiers. — Parc de Blossac.

Mode

Sous l'arbre unique de la cour
un moineau cherche sa pâture.
Il bavarde : « J'ai fait un tour
au jardin de la préfecture,
là-bas derrière la maison.
C'est le printemps ; chacun s'affaire
autour des nids. La primevère
pointe déjà dans le gazon ;
partout la mode est au vert tendre. »
Alors le vieil arbre engourdi
ouvrant ses bourgeons sans attendre,
tout seul dans la cour a verdi.

Mode, fantasque souveraine,
d'où t'est venu l'art de savoir
mener aussi la race humaine ?
Assujettie à ton pouvoir,
jadis elle a dû se résoudre
à subir hennins, chaperons,
souliers à poulaine et godrons,
perruques, et mouches, et poudre.

Elle endure, si tu le veux,
le tourment de la crinoline,
pour laisser tondre ses cheveux
voici que sa tête s'incline.

Tu régentes même l'esprit;
comme le corps il se déguise
et prend l'uniforme prescrit.
Il fut tour à tour à ta guise
précieux au temps des bas bleus,
pompeux au grand siècle classique,
sensible à l'âge romantique.
Et tu règles jusqu'à nos jeux :
où sont le tric-trac, la bouillotte,
les bergères de Florian,
le menuet et la gavotte ?
Mais où sont nos valses d'antan ?

Quelle est la force qui nous presse
et contraint ainsi notre choix ?
Oui, pourquoi changeons-nous sans cesse
et changeons-nous tous à la fois ?
En nous la nature mélange
au goût de l'uniformité
l'appétit de la nouveauté.
Voulons-nous un spectacle étrange ?
Nous n'avons qu'à nous regarder.
Blessés trop souvent par la vie,
il faut bien pour nous dérider
jouer un peu la comédie.

Snobs

On en rit parfois. C'est dommage.
Le snobisme n'est qu'un hommage
naïf, humble, presque émouvant,
à certains rites que souvent
on observe sans les comprendre.
Sa loi ? ne jamais se méprendre
sur ce qu'on doit faire ou penser.
Pour faire, c'est chose entendue.
Penser ? la tâche est plus ardue,
mais on peut très bien s'en passer.

Il n'est pas de plaisir sans peine,
qu'importe, pourvu qu'on apprenne
ce qui permettra de briller.
Quand on est seul on peut bâiller
ou bien encor fermer le livre.
Mon principe, je vous le livre,
je m'en suis toujours bien trouvé.
Aucun parti n'est acceptable,
aucun avis n'est défendable,
que la mode n'ait approuvé.

Peinture au coloris étrange,
musique, pénible mélange
d'accords qui font grincer les dents,
poèmes obscurs, abondants,
dont la syntaxe est indécise,
sculpture sans forme précise;
pensez-en ce que vous voudrez,
ne dites rien. Sachez attendre
le verdict et le bien entendre.
Ensuite, vous l'approuverez.

Surtout, ne jugez pas vous-même;
on ne comprend que ce qu'on aime.
Pourquoi traiter avec mépris
une œuvre qui vous a surpris,
et critiquer d'un ton sévère
l'auteur que le public révère?
L'aigreur n'est jamais de saison.
Prenez garde; votre assurance
vous ferait taxer d'ignorance;
seul, on est fou d'avoir raison.

Arts poétiques

Il entra, manteau noir, pourpoint sombre, perruque
descendant sur le front et recouvrant la nuque,
nez long, visage fin. J'eusse été malappris
en montrant de l'humeur, mais je fus très surpris.
Aussi : « Monsieur, lui dis-je en souriant, j'hésite
à chercher le motif d'une aimable visite
que je n'attendais pas, l'avouerai-je, ce soir.
Mais avant tout, monsieur, veuillez donc vous asseoir. »
Il le fit, et parlant d'une voix forte et pleine :
« Ne craignez rien, je ne suis pas une âme en peine.
mais l'ombre seulement de Boileau-Despréaux
curieuse d'errer parmi les temps nouveaux.
En passant, j'aperçus la fenêtre éclairée :
Qui peut donc travailler si tard dans la soirée ?
Un confrère sans doute. Alors ne cherchons plus.
Montons. Et me voici.

— Monsieur, je suis confus
de cet honneur.

— Monsieur, c'est trop de courtoisie.
Mais vous plaît-il que nous parlions de poésie ?

Vous écrivez ?
— Fort peu.
— Et vous lisez ?
— Beaucoup.
— Connaissez-vous mes vers ?
— Par cœur.
— Ah ! pour le coup,
la fortune à mes vœux ce soir fut secourable,
et je rends grâce au ciel d'un destin favorable.... »

En écoutant sonner ce noble alexandrin
je reconnus l'écho du siècle souverain.

« Voyons, que pensez-vous de mon Art poétique ?

— Très franchement, monsieur, c'est un chef-d'œuvre unique.
Bien que depuis, la mode ait quelque peu changé,
l'arrêt est sans appel quand vous avez jugé.
Les méchants écrivains tués par votre plume,
sont encore défunts, du moins je le présume,
car on n'en parle plus. Quant aux blessés, le dard
lancé par votre main s'est amorti ; Ronsard
va mieux pour le moment, et même l'on espère
qu'il est sauvé. Corneille et Racine et Molière,
plus jeunes que jamais, tous en bonne santé,
poursuivent leur chemin vers l'immortalité
entraînant avec eux votre ami La Fontaine.
Il en est tout surpris. Et vous, monsieur ?
— A peine.
Aux vallons du Parnasse un air de chalumeau
s'écoute avec plaisir à l'ombre d'un ormeau ;

mais il résonne mal sous un noble portique,
et le chant de la lyre est une autre musique.
Vous me disiez, monsieur, que la mode a changé.
Votre temps, c'est son droit, aurait-il donc forgé
pour la rime ou le vers quelque règle nouvelle ?

— La règle ? Il n'en faut plus. Notre siècle rebelle
en cela, comme en tout, ne sait pas obéir.
Les cadres ont craqué. Faut-il s'en réjouir ?
Faut-il pleurer ? Je n'en sais rien. La fantaisie
mène tout aujourd'hui, même la poésie.
C'est affaire à chacun, de sentir, d'exprimer,
de vibrer, disons-nous. Qui pourrait nous blâmer
d'entendre au fond des bois telle ou telle harmonie
et de n'y plus trouver la muse Polymnie ?
Les nymphes ont vieilli, les dieux se sont cachés ;
nous les abandonnons sans les avoir cherchés.
Seul le divin oiseau n'a pas fermé son aile,
il plane encor ; la poésie est immortelle.
Mais aujourd'hui chacun de nous à sa façon
poursuit son idéal, module sa chanson :
chez l'un, contour précis et facture serrée ;
chez le second, langueur et plainte énamourée ;
ou bien encor, propos obscurs et mots abstrus ;
c'est peut-être profond, mais sûrement confus....
Le genre est en faveur ; certain public préfère
à ce qu'il saisit bien, ce qu'il ne comprend guère.
Chez celui-ci, l'image aux mille feux changeants,
les paillettes, l'esprit, les détours engageants ;
chez celui-là, l'essor et le souffle lyrique ;
chez d'autres, seulement un prétexte à musique :

le sens importe peu; les mots sont des accords
éveillant comme au bois les fanfares des cors
le fugitif écho d'une vague pensée.
Voulez-vous la saisir ? Elle s'est éclipsée;
quant au bon équilibre, à la saine raison,
on ne la trouve pas souvent à la maison.

— Ah ! ne me parlez pas de cet art amphibie;
j'en mourrais, je le sens, bientôt d'hydrophobie.
Mais poursuivez, monsieur.

— Et pour d'autres, enfin,
quelques-uns seulement, car c'est le fin du fin,
la musique n'est plus que suivante discrète.
Accompagnant les vers en sourdine secrète,
marchant du même pas, fidèle et tendre sœur,
elle prête sa force ou répand sa douceur.
Les mots harmonieux encerclent la pensée
sans jamais la meurtrir d'une brusque poussée,
la laissant deviner, mais ne la blessant pas;
on entend mieux ce qui se murmure tout bas.
Voilà quelle est, monsieur, la nouvelle technique.
Un maître l'exposa dans son Art poétique,
et même je pourrai, si vous le voulez bien,
vous en donner lecture, et vous n'y perdrez rien.

— Oh ! oh ! Combien de chants ?

— Quarante vers à peine.
Ce fut un grand poète; il s'appelait Verlaine.

— Quoi, sur un tel sujet, quarante vers ! Vraiment
cette brièveté passe l'entendement. »

Je pris sur le rayon le volume que j'aime,
et voici qu'à la page, il s'ouvrit de lui-même :

> « *De la musique avant toute chose*
> *et pour cela préfère l'impair,*
> *plus vague et plus soluble dans l'air,*
> *sans rien en lui qui pèse et qui pose....* »

. . . .

Pendant que je lisais, il me sembla saisir
le murmure léger d'un très vague soupir,
et lorsque s'éteignit la subtile cadence,
mon visiteur garda le plus profond silence.
Je relevai les yeux. Il avait disparu.
Fureur ? Dédain ? Regret ? Je ne l'ai jamais su.

INTIMITÉS ET SONGERIES

Inquiétude

Je me rappelle un soir de l'ancien temps, chez nous.
C'est l'heure où nous guettons le retour de mon père;
il fait sombre, on n'a pas apporté la lumière,
et ma jeune maman m'a pris sur ses genoux.
Elle chante à mi-voix une chanson câline :
« Quand j'étais à la lande à garder mes agneaux,
les loups y sont venus, ils ont pris les plus beaux.... »
Je reste dans ses bras, serré sur sa poitrine,
et je ferme les yeux comme si je dormais.
C'est très doux, je me sens mêlé presque à ma mère.
Ah ! si le temps pouvait m'oublier en arrière,
et me laisser là pour jamais !

Emporté depuis lors au courant des années,
j'aurais voulu parfois m'arrêter en chemin,
goûter la fin du jour, et puis, le lendemain,
retrouver les douceurs que Dieu m'avait données;
moments ensoleillés qu'on cherche à retenir
mais qui glissent ainsi qu'une lueur mobile
et s'en vont imprégnés de ce charme fragile
qu'ont les beaux soirs d'été sur le point de finir,

heures d'enthousiasme et de féconde ivresse
qui passent une fois et qu'on ne revit plus,
et ces rêves dorés, un instant apparus,
disparus avec la jeunesse.

J'aurais voulu quitter notre vieille maison
dont je connais depuis si longtemps chaque pierre,
et m'en aller bien loin aux pays de lumière,
par delà les coteaux qui ferment l'horizon,
respirer le parfum des forêts tropicales,
écouter dans la nuit le murmure des eaux
sous un ciel plus profond peuplé d'astres nouveaux,
voir les palais surgir des brumes matinales,
interroger les morts qui dorment leur sommeil
en mêlant leur poussière aux ruines antiques,
et m'asseoir pour songer à l'ombre des portiques
dorés aux rayons du soleil.

J'aurais voulu fixer la fluide harmonie
dont l'immortel écho vibre dans l'univers,
dégager la beauté de ses voiles divers,
pénétrer le secret des œuvres de génie,
sentir se préciser leur sens mystérieux.
J'aurais voulu savoir assouplir mes pensées
au doux balancement des rimes cadencées,
évoquer à mon gré l'essaim capricieux
des rêves déroulant leur chaîne continue,
y distinguer parfois comme une vision
qui monte lentement, guetter l'éclosion
d'une forme encore inconnue.

D'où me vient ce besoin de comprendre et d'aimer,
cette soif de beauté qui reste inassouvie,
cet instinct de bonheur que déchire la vie,
cet effort inquiet que rien ne peut calmer ?
Je sens bien que jamais je ne saurais atteindre
cet idéal changeant au contour incertain,
cet infini voilé toujours aussi lointain
qui glisse devant moi sans se laisser étreindre.
A quoi bon m'attacher à tout ce qui me fuit,
pour retomber plus lourdement dans la matière ?

Sans le savoir, Seigneur, est-ce votre lumière
que je cherche à travers la nuit ?

Inspiration

Ce soir, sous la lampe voilée,
il fait bon près du feu; le vent
chante aux fenêtres; on entend
à travers la nuit étoilée
vibrer sa plainte modulée
qui monte et décroît par instant.

Alors s'éveillent les pensées
inconscientes à demi
qui pendant le jour ont dormi;
alors, les formes effacées
l'une après l'autre redressées
sortent doucement de l'oubli.

Elles glissent entrelacées
sans que l'on sache exactement
si c'est un songe, ou seulement
le reflet des choses passées
qui viennent et s'en vont, poussées
par un invisible courant.

Regarde fuir la ronde ailée;
regarde en toi-même. Qui sait ?
Voici peut-être qu'apparaît
dans une rapide envolée,
la figure encore voilée
que ton rêve obscur pressentait.

Résonnances

Les wagons roulent dans la nuit.
Ecoutez : à travers la nuit
où les sons heurtés se confondent,
des notes vagues se répondent.
C'est un air jadis entendu,
un air ancien longtemps perdu,
pourtant sa mémoire effacée
dormait au fond de ma pensée.
Maintenant, voici qu'une voix
grêle d'abord puis frémissante,
parmi la rumeur discordante
reprend la chanson d'autrefois.

Bruits du monde, puissant murmure
où se mêlent à l'aventure
rire, clameur, gémissement,
fondus en un sourd grondement.
Avec les autres, sur la route
il passe, mais seul il écoute
un appel qui vibre tout bas
et que la foule n'entend pas,
voix craintive de la faiblesse,
plainte douce d'un inconnu,
et pour lui tout a disparu
sauf le cri d'une âme en détresse.

Le poète s'en est allé
là-bas au pays étoilé
où l'emporte sa rêverie,
et voici que la songerie,
il ne sait pourquoi ni comment,
a réveillé l'essaim dormant
des vieux souvenirs, des pensées
des espoirs, des amours passées
mêlant leur murmure assourdi.
Des formes vagues se révèlent,
des accords résonnent, s'appellent,
et la chanson pure a jailli.

Musique

Quand le vieux piano chante un air d'autrefois,
j'aime à fermer les yeux. Aussitôt je revois
l'ancien salon, la lampe et son globe en tulipe,
les meubles d'acajou style Louis Philippe,
la pendule de marbre et les flambeaux d'argent,
la flamme du foyer dont le reflet changeant
caresse en se jouant les portraits de famille :
une petite aïeule, encore jeune fille,
rubans et mousseline, un digne magistrat,
favoris, croix d'honneur, robe rouge et rabat,
un officier du roi, la main sur son épée,
coquet, le nez au vent, la mine émancipée,
et tandis que les sons s'égrènent doucement,
plus subtils que des mots, on croirait par moment
qu'au glissement des doigts sur les touches d'ivoire,
le piano s'éveille et conte son histoire.

« Ecoutez l'écho du vieux temps :
Là-bas, très loin, des voix d'enfants
chantent des chansons et des rondes.
Une fillette à nattes blondes,

mise à la mode d'autrefois,
prend une leçon de musique,
et toute rose elle s'applique
à bien poser ses petits doigts.

Voici les airs de contredanses,
c'est le temps des vieilles romances.
Sous le balcon, le troubadour
murmure la chanson d'amour
qui fait rêver la châtelaine.
Le lac est bleu comme un saphir,
la barque glisse, et le zéphyr
laisse couler sa douce haleine.

Puis parfois, quand tombe la nuit
et que s'éteint le dernier bruit
dans la maison où tout repose,
une main légère se pose
sur les touches, et brusquement,
ainsi que jaillit une flamme,
je sens en moi vibrer une âme
et monter un frémissement.

Oui, nous avons chanté la joie et la tristesse,
et les printemps fleuris, et les rêves d'amour,
nous nous sommes ensemble enivrés de jeunesse
et nous avons pleuré les départs sans retour.
Sous le rythme changeant de la souple harmonie,
se laissait deviner l'émoi d'un cœur ardent,
s'interrogeant lui-même, inquiet, attendant
la réponse qu'un jour lui donnerait la vie.

Et puis le chant s'est fait plus doux
comme si venait jusqu'à nous
l'appel d'une voix souveraine
vers une vision sereine.
Un jour, j'ai senti qu'un aveu
montait enfin dans la lumière,
tandis qu'une plainte dernière
vibrait comme un suprême adieu.

Et depuis, les mains attendues
ne sont plus jamais revenues.
D'autres figures ont passé.
Dans le vieux salon délaissé
où je demeurais solitaire,
plus d'enfants, ni de chants joyeux;
sur le clavier silencieux
tombait lentement la poussière.

Quand je chante encor sous les doigts
je ne reconnais plus ma voix
qui s'élève toute cassée,
toute grêle, et comme lassée.
Pour toujours le charme est parti,
le souffle qui me faisait vivre,
l'élan d'une âme qui se livre,
jamais plus je ne l'ai senti. »

Ne te plains pas, ton sort est celui du poète.
Il écoute vibrer en lui la voix secrète
qui parfois le soulève et par moment se tait.
Il s'efforce à fixer dans ses vers le reflet

d'un rayon fugitif, l'écho d'une harmonie,
les confuses rumeurs qui montent de la vie;
il évoque, fluide et précise pourtant,
une forme qui passe; il ranime un instant
les souvenirs aimés qui dormaient dans leur tombe.
Et puis la nuit se fait, le silence retombe;
il reste seul, vieilli, las de l'effort tenté;
on le raille en passant.... Qu'importe, il a chanté!

L'Envers

La grande histoire est dame altière,
elle se plaît aux longs discours,
les souverains avec les cours
lui fournissent ample matière;
elle morigène les rois
quand ils sont morts, et sait prédire,
mais pour le passé toutefois,
le destin futur d'un empire.

Ses propos sont accommodés
au style du parc de Versailles
où disparaissent les broussailles,
où les arbres bien émondés
se rangent le long des allées,
où les buis tracent leurs dessins,
lys de France et fleurs étoilées,
où l'eau s'endort dans les bassins.

La souple et vivante nature
dédaigne ce plan rigoureux ;
à travers les dossiers poudreux
promenons-nous à l'aventure.

L'odeur tenace du passé
imprègne l'air qu'on y respire,
et la voix d'un temps effacé,
quand on sait l'entendre, y soupire.

Qui lut pour la dernière fois
ces vieilles lettres oubliées ?
Quelle main les avait liées
de ce ruban rose autrefois ?
Tout est rentré dans le silence,
les bonheurs avec les soucis;
il ne survit d'une existence
que ces humbles détails précis.

Sous la surface, le fond même
échappe au regard indiscret.
Le cœur a gardé son secret :
on espère, on regrette, on aime
sans en avoir jamais parlé.
Combien, quand la course s'achève,
partent sans avoir révélé
leur plus cher et leur plus beau rêve.

On devine à peine ici-bas
l'envers de la trame tissée,
la ligne jour à jour tracée
nous-mêmes ne la voyons pas.
Elle s'arrondit ou se creuse
aux doigts du tisserand divin,
mais dans l'œuvre mystérieuse
nul détail n'est demeuré vain.

Pour nous ignorant l'harmonie
de l'ensemble aux mille couleurs
fait des prières, des douleurs,
de la splendeur d'une humble vie,
tout reste voilé, jusqu'au jour
où la grande voix nous appelle :
« Viens, regarde la fleur d'amour
éclose d'une âme immortelle. »

Les Livres

J'ai de bons vieux amis, réservés et discrets
qui m'ont jour après jour confié leurs secrets.
Quand je goûte à l'écart la paix et le silence,
il m'est doux de sentir leur fidèle présence.
Dociles à ma voix, toujours prêts à venir
égayer un instant mon rêve solitaire,
ils savent aussi bien s'effacer et se taire
au gré de mon désir.

Chacun d'eux a ses goûts, son humeur, son langage,
mais en tous, je retrouve un peu de mon image.
L'un est gai ; celui-ci se recueille avec moi,
celui-là me console et ravive ma foi ;
tel autre fait surgir l'éclatante féerie
d'un monde imaginaire au spectacle mouvant
où s'attache mon cœur, où les rêves souvent
sont plus beaux que la vie.

O mes livres amis ! nul de vous n'est venu
prendre asile chez moi comme un hôte inconnu ;
nous nous sommes un jour rencontrés sur la route,
en passant près de vous, j'ai respiré sans doute

le parfum pénétrant des pages que j'aimais.
Un lien se nouait entre nos destinées
et depuis, nous avons traversé les années
sans nous quitter jamais.

L'âge en pesant sur moi, vous a touchés à peine,
vous n'avez pas changé depuis l'heure lointaine
où vous m'avez parlé pour la première fois.
Et pourtant, quand j'écoute aujourd'hui votre voix,
elle résonne en moi, plus grave et plus profonde.
Le temps aiguise en nous un sens mystérieux,
il faut attendre aux bois le soir silencieux
pour que l'écho réponde.

Je croyais vous connaître et je n'entendais pas
ce que jour après jour, vous m'avez dit tout bas :
vous m'avez lentement livré votre pensée.
Comme l'herbe recouvre une empreinte effacée,
sous le voile des mots, se cache pour chacun
la profondeur secrète où seul il peut descendre.
Il nous faut, dans la nuit chercher pour nous comprendre
ce qui nous est commun.

Un temps arrivera, qui sait ? bientôt peut-être
où m'ayant survécu, vous changerez de maître.
N'ai-je pas feuilleté pour la dernière fois
l'un ou l'autre de vous entr'ouvert sous mes doigts ?
Si, comme moi, sous la poussière appesantie
vous devez désormais reposer oubliés,
ô mes livres, du moins soyez remerciés,
votre tâche est remplie.

Le Soir sur la Ville

Au tournant du chemin, la ville
apparaît dans le soir tranquille.
L'air est doux, les brouillards légers
qui s'élèvent de la rivière,
glissent en nappe régulière
sur les jardins et les vergers.
Dans la masse des maisons grises,
les fenêtres de-ci, de-là,
s'éclairent tout à coup ; déjà
les formes se font moins précises ;
l'éclat des couleurs se ternit,
meurt avec le jour qui finit.

Le soir, c'est l'heure des fumées.
En longues boucles déformées,
elles s'étirent mollement;
sur le ciel clair, au-dessus d'elles,
les églises et les chapelles
découpent encor nettement
l'ombre de leurs flèches aiguës
tandis que les toits de maison
se profilent sur l'horizon.
Puis les étoiles apparues
au travers de l'immensité
dévoilent soudain leur clarté.

Et c'est l'image de la vie :
voici, lorsque tombe le jour,
l'intime douceur du retour
dans la famille réunie,
les peines, les soucis planant
sur chaque maison de la ville,
les prières du soir prenant
vers le ciel, leur élan docile,
le rayonnement pressenti,
d'une splendeur inaccessible,
et tout notre univers visible
enveloppé dans l'infini.

Poitiers, vu des Dunes.

La Belle au Bois dormant

La Belle au bois dormant venait de s'éveiller.
Ses long cheveux encore épars sur l'oreiller
encadraient le front pur de leur souple auréole.
Le fils du roi, guettant sa première parole,
souriait doucement en retenant sa main;
les fanfares des cors sonnaient dans le lointain.

« Vous voici donc enfin, Monseigneur, disait-elle.
A peine j'ose croire à cette heure si belle.
Pendant mon lourd sommeil, je sentais vaguement
s'appesantir sur moi le sombre enchantement.
Je vivais, et pourtant ce n'était pas la vie.
Quand les rêves glissaient sur mon âme engourdie
j'écoutais, et j'avais l'illusion parfois
d'entendre palpiter le murmure des voix;
des formes se suivaient, aussitôt effacées,
je ne retrouvais pas le fil de mes pensées,
l'ombre m'enveloppait comme un noir vêtement,
mais vous êtes venu m'appeler doucement,
et sans peine j'ai pu soulever ma paupière.
Voici que m'apparait enfin dans la lumière,
un monde radieux que je ne voyais pas. »

La Belle au bois dormant c'est notre âme ici-bas.

Le Juif-Errant

J'ai rouvert par hasard l'ancien livre d'images
dont j'aimais en songeant à feuilleter les pages
aux lointains soirs d'hiver où j'étais un enfant.
Voici sous le ciel noir le pauvre Juif-Errant
avec sa barbe blanche et sa cape déteinte,
résigné, poursuivant sa route pas à pas;
et je me suis surpris à murmurer tout bas
la naïve et vieille complainte.

Souvenirs d'autrefois brusquement revenus,
échos du temps passé que nous croyons perdus,
vous dormez donc en nous les ailes repliées,
pour vous lever ainsi des heures oubliées,
comme un oiseau s'envole à l'approche du soir;
et nous sentons vibrer en vous cette harmonie
qu'aux jours insouciants d'une époque bénie
nous pressentions sans le savoir.

J'aime le sens profond de la vieille légende.
Ecoutez. Par moment il semble qu'on entende
une voix murmurer : « Le pauvre Juif-Errant,
mais c'est chacun de nous, c'est toi, petit enfant.
Nul ne peut s'arrêter sur la route suivie;
va, tu connais déjà les adieux sans retours;
va, poursuis ton chemin; tu marcheras toujours
du matin au soir de la vie. »

T. S. F.

C'est un beau jour à son déclin,
sous les grands arbres du jardin
la maison tranquille repose.
Voici que dans la chambre close
une voix s'est mise à chanter,
si vibrante qu'à l'écouter
les yeux fermés pour mieux l'entendre,
on croirait par moment surprendre
comme le soyeux glissement
d'un vol qui passe doucement.

Maintenant à ma fantaisie
la voix lentement assourdie
s'éloigne et s'éteint sans retour,
tandis que d'autres à leur tour
s'éveillent : musiques lointaines
mêlant leurs notes incertaines,
appels jetés par les vaisseaux
perdus dans la nuit sur les eaux
où leur mâture se balance....
Et de nouveau le grand silence.

Comme un navire errant sous le ciel à travers
la sombre immensité des océans déserts,
notre terre, elle aussi, dans sa course rapide
emporte en frémissant parmi l'espace vide
la foule des vivants et toutes ses clameurs :
plaintes douces d'enfants, rires mêlés aux pleurs,
tendres aveux d'amour, grondements de colère,
blasphêmes, chants joyeux, cantiques et prière....
Les rumeurs et les bruits s'exhalent à la fois
discordants et heurtés, confondant leurs murmures,
telle aux bois la chanson du vent dans les ramures,
et Dieu reconnaît chaque voix.

Le Bonheur

On m'a dit : « Le bonheur est là sous votre main,
si facile à saisir; hâtez-vous, l'heure est brève. »

Alors, je l'ai cueilli, comme hier au jardin
le bouton qui s'ouvrait, et voici ce matin
que le parfum s'en est allé, la rose achève
de laisser retomber ses pétales trop lourds;
elle a flétri déjà sa robe de velours.

Ah ! fixer le bonheur sans mutiler le rêve,
aimer sans voir jamais le déclin des amours !

Isolement

Ecoute. Ce soir, on entend
le bruit des cloches dont le vent
nous apporte la voix lointaine.

— C'est peut-être le bruit confus
que font les tintements venus
des troupeaux épars dans la plaine.

— Ne dirait-on pas que des fleurs,
sous nos pas, mêlent leurs odeurs
au parfum de l'herbe froissée ?

— Un long frisson vient de courir
sur les feuilles. J'ai cru sentir
dans l'air une haleine glacée.

— Regarde le reflet changeant
qui scintille en éclairs d'argent
à la surface de l'eau sombre.

— Je vois la rivière couler
et le flot trouble s'en aller
vers l'horizon, là-bas, dans l'ombre.

Beauté inconnue

Au parc abandonné les arbres ont grandi.
Les branches s'inclinant sous le poids alourdi
des feuillages épais se courbent jusqu'à terre,
et parmi l'herbe folle, un rosier solitaire
en l'honneur du printemps s'est encore paré;
mais nul n'a contemplé sa robe merveilleuse,
le parfum qu'exhalait sa fleur mystérieuse
nul ne l'a jamais respiré.

Quand le poète encore enivré de son rêve,
répondant à l'appel secret qui le soulève
ne trouve autour de lui que froideur et dédain,
il renonce à fixer le songe resté vain.
La vision si belle un instant apparue
qui semblait rayonner déjà sur l'avenir
disparaîtra sans laisser même un souvenir,
nul ne l'aura jamais connue.

Parmi la foule, accumulant ses flots pressés,
se ruant aux plaisirs, marchant les yeux baissés,
poursuivant le succès, le luxe, la richesse,
l'âpre intérêt, parfois une âme se redresse.

Aimante, pitoyable aux douleurs d'ici-bas,
très pure, indifférente au monde qui l'appelle,
elle passe ignorée, humble, pieuse et belle;
elle-même ne le sait pas.

Mais rien ne s'est perdu : la floraison cachée,
l'arome du parfum, l'ardente chevauchée
des étoiles en feu sillonnant l'univers,
la secrète splendeur des horizons déserts,
le poème inconnu, la prière d'une âme
prenant vers l'infini son vol silencieux,
toute beauté n'est qu'un accord mystérieux
montant vers Dieu comme une flamme.

Bergères de France

« Et exaltavit humiles ».

Comme au temps des vieilles chansons,
la bergère et les blancs moutons
que le chien fidèle accompagne,
s'en vont à travers la campagne.
Dans l'air, on respire à la fois
les parfums des prés et des bois,
la fraîcheur du matin tranquille;
au ciel, un nuage mobile
passe et déroule par moment
son voile tissé de lumière;
sur les champs, son ombre légère
s'étire et glisse mollement.

Pas un épi ne se balance;
tout repose dans le silence
aux forêts, où les fils des rois
menaient les chasses d'autrefois;
les loups ne courent plus la plaine,
et le bon chien garde sans peine
le troupeau des moutons bêlants
qui s'en vont dociles et lents.

Comme une musique légère,
un tintement grêle et lointain
passe dans la paix du matin
où vole ton rêve, bergère ?

Vers le passé ? Vers l'avenir ?
As-tu gardé le souvenir
d'une chère et douce promesse,
des mots d'amour et de tendresse
échangés un soir de printemps ?
Ou dans le silence des champs
ton âme pieuse entend-elle
la voix des cloches qui l'appelle,
et faisant glisser sous tes doigts
les grains enchaînés du rosaire,
laisses-tu couler ta prière
ainsi que tes sœurs d'autrefois ?

Comme toi, Germaine, Solange,
Jeanne que visitaient l'archange
et les saintes du paradis
quand elle gardait ses brebis,
Geneviève avec sa houlette,
la pure et simple Bernadette
à qui Notre-Dame parlait,
tant d'autres que Dieu seul connaît
et dont la vie est oubliée
ont prié foulant tour à tour
les mêmes chemins, sans qu'un jour
la chaîne se soit déliée.

Distrait, le monde n'entend pas
se répondre, et s'unir tout bas
dans un chant secret, les murmures
qui s'envolent des lèvres pures.
Que pèse le mal triomphant
contre une prière d'enfant ?
Dieu le sait : « L'orgueilleux s'écroule,
et l'humble surgit de la foule. »
Le rosaire aux doigts, chargez-vous
de prendre encor notre défense,
gardez-nous, bergères de France ;
saintes bergères, sauvez-nous.

Jeunes Filles

On les voit à l'église, aux vêpres, le dimanche.
Leur âme transparente est une page blanche;
elles s'en vont gaiement, une lumière au front
vers les bonheurs cachés dans l'avenir profond.
Leurs rêves sont les fleurs écloses sur la branche,
où, quand viendra l'été, les fruits d'or mûriront.

Chanson

Au parc en fleur, belle, dormez,
le ciel est bleu parmi les branches,
les prés en mai sont parfumés,
les rêves purs aux ailes blanches
sous les yeux clos sont enfermés.

La ronde souple vous entraîne
en vous berçant de sa chanson,
l'ombre est tiède sous le grand chêne,
l'oiseau caché dans le buisson
chante son amour ou sa peine.

Un jour, belle, vous aimerez,
le feu clair s'allume et pétille,
et plus tard vous vous souviendrez,
dans la cendre un éclair scintille,
sans doute aussi vous souffrirez.

Vivre, c'est traverser un rêve,
mais un rêve qui se poursuit,
des formes s'y croisent sans trêve
et se dispersent dans la nuit...
puis brusquement l'aube se lève.

Les Fleurs tombent

Printemps des vergers; sur les branches
s'éveillant de leur long sommeil,
en épis légers les fleurs blanches
se sont ouvertes au soleil.
L'air est doux, l'abeille bourdonne....
Combien d'elles avant l'automne,
au feu des jours, au froid des nuits,
ayant effeuillé leurs pétales,
sous la pluie et sous les rafales,
tomberont sans donner de fruits ?

Printemps de Paris; maisons grises,
ruban de ciel entre les toits,
lilas dans les squares étroits.
Les enfants s'en vont aux églises
en robes blanches, brassards blancs :
lumière des yeux innocents,
voiles battant comme des ailes,
âmes en fête, âmes en fleur....
Combien seront encor fidèles
après l'épreuve et la douleur ?

Mademoiselle

Au coin du feu, mademoiselle
range de ses doigts fuselés
un tiroir où gisent mêlés
des chiffons et de la dentelle
avec de vieux rubans jaunis.
Dehors il fait doux, et c'est l'heure
où l'ombre du tilleul effleure
la fenêtre aux carreaux ternis.
De ses mains souples et légères,
un peu tremblantes par moment,
elle caresse doucement
les reliques frêles et chères,
où le parfum du souvenir
s'est imprégné. Nul autre qu'elle,
depuis longtemps, ne se rappelle
ce qu'elle sent encor frémir
et vivre au fond de sa mémoire,
petites choses d'autrefois
évoquant le timbre des voix
qu'on n'entend plus. Sa robe noire
porte le deuil des disparus,
cheveux blancs, ou boucles légères,
formes fragiles, éphémères
dont les noms mêmes sont perdus,

Et pourtant voilà qu'un sourire,
un pâle sourire attendri,
gagne le visage amaigri,
et que dans ses yeux semble luire
un reflet voilé. Nul ne sait
quelle vision devant elle,
a soudain déployé son aile,
quel fantôme elle reconnait
dans les brumes de sa jeunesse :
rêve qu'on n'a pas deviné,
pur souvenir que n'ont fané
ni le temps, ni l'oubli, caresse
de ceux qui sont déjà partis
mais dont la tendresse fidèle
revient palpiter autour d'elle
quand elle est seule. Appesantis
ses yeux se ferment; une larme...
c'est bien une larme... a perlé
tout au bout des cils, et coulé,
laissant au sourire son charme
de douceur. Puis, pour mieux songer,
gardant les yeux clos, elle égrène
son chapelet aux grains d'ébène
avec un murmure léger.

Confidence

C'est étrange. Pourquoi ce soir, en vous parlant,
ai-je senti passer le souvenir troublant
et très pur de ma foi maintenant disparue ?
Je me revois encor un matin dans la rue
avec mon brassard blanc marchant à petits pas
au sortir de l'église, et répétant tout bas
la prière d'amour et les mots de tendresse
dont mon âme était pleine. Oui, pour qu'il m'apparaisse
tel qu'autrefois, ce jour imprégné de douceur,
qu'avez-vous donc ce soir remué dans mon cœur ?

Pourquoi cet abandon ? Je ne sais plus moi-même,
et l'ai-je su jamais ? C'est lentement qu'on aime
et qu'on cesse d'aimer. Le temps s'écoule, on croit
rester encor le même ; un jour, on s'aperçoit
que le lien se brise, et c'est comme un grand vide
où l'on se sent tomber. On cherche un fond solide,
tout appui se dérobe, on ne sait plus prier ;
si du moins on pouvait tout à fait oublier !
Mais toujours de l'ancienne et profonde rupture
il reste la douleur sourde d'une blessure.

Qui me dira comment s'est glissé le poison?
Etait-ce le travail secret de la raison
s'allégeant du fardeau de mes jeunes croyances,
ou ne fuyais-je pas l'aveu de défaillances,
de ces fautes qu'on est presque fier de conter
dans un cercle d'amis, mais lourdes à porter
quand on se tient, genoux ployés, devant un prêtre?
C'est parce que mon cœur était impur peut-être
qu'un jour il a senti la clarté s'obscurcir,
et que ma foi d'enfant a fini de mourir.

Pourtant, je me souviens encor de l'appel tendre
et profond d'autrefois, quand je croyais entendre
dans le recueillement une voix me parler.
Je voudrais échapper au doute, m'en aller
vers l'ombre grandissante avec une espérance,
et surtout je voudrais retrouver l'ignorance
du mal que je connais. Ah ! sentir la douceur
monter comme un parfum du fond de la douleur,
redire un soir de deuil une ancienne prière,
si je pouvais !... Mais pour marcher vers la lumière,
je n'entends plus la voix ni ses appels profonds.

— Pauvre ami, tu l'entends, puisque tu lui réponds.

Le Retour

J'ai ralenti le pas ; autour de moi la foule
a lentement glissé comme une eau qui s'écoule,
tandis que s'éteignait le murmure confus
des chansons, des clameurs et des rires aigus.
Je me sens las ce soir ; mon âme triste est lourde
de souvenirs impurs et de cette gaîté,
de ces cris, de ces chants, dont l'écho m'est resté
comme une rumeur sourde.

Tous ceux que je croyais mes amis jusque-là
m'ont laissé seul. Mon Dieu, qu'il est donc loin déjà
le jour où j'ai rompu le lien trop fragile
et quitté pour jamais votre maison tranquille.
Mais voici que dans l'ombre un passant est venu
cheminer près de moi ; sa démarche est pesante,
il porte sur le front une marque sanglante,
et je l'ai reconnu.

Il a levé sur moi des yeux où la tristesse
se mêlait au reflet d'une immense tendresse
et parmi le silence enveloppant nos pas,
j'ai distingué sa voix qui me disait tout bas :
« Oui, tu m'as retrouvé. Ton âme douloureuse
me cherchait dans la nuit, et moi qui le savais
pour guetter ton appel, de loin je te suivais
sur la route poudreuse.

— Seigneur, je vois le sang couler de votre main,
vos pieds se sont blessés aux pierres du chemin,
et vous m'ouvrez les bras, quand j'ignore moi-même
si le cœur qui ce soir vous désire et vous aime
ne garde pas encor dans un repli caché
l'attrait inconscient des anciennes souillures,
si le ferment secret des passions impures
est vraiment arraché.

— Viens, prends pour t'appuyer la main qui te relève,
laisse le lourd passé s'effacer comme un rêve,
et ne crains pas. Déjà, ne m'as-tu pas rendu
ce pauvre cœur blessé chaque jour attendu ?
Je ne reprends jamais le pardon que je donne.

— Seigneur, voici mon âme et vous la garderez.
Je vous suis, menez-moi partout où vous voudrez,
je viens, je m'abandonne. »

LA GUERRE PASSE

Chapitre peu développé,
je m'en accuse.
J'étais alors fort occupé,
c'est mon excuse.

Les poilus, chacun à son rang,
avec l'épée
écrivaient en lettres de sang
une épopée.

Les deux Printemps

1914-1915

Fleurs de mai, grappes de lilas,
premières roses de l'année....
Fleur de vaillance moissonnée
aux champs où tombent les soldats.

Froissement des feuilles légères,
écho lointain d'une chanson....
Clameur brutale du canon,
plainte des balles meurtrières.

Doux repos, longues flâneries
au penchant des vallons perdus....
Lourd sommeil des morts étendus
dans l'herbe haute des prairies.

Le soir, pendant la fenaison,
la brume semblait parfumée....
Volutes âcres de fumée
se déroulant sur l'horizon.

Retour paisible des troupeaux
s'attardant aux meules de paille....
Remous furieux de bataille
où s'engloutissent les drapeaux.

Lueurs d'aurore, transparence
pâlissant le ciel étoilé....
Soleil de gloire encor voilé
montant sur la terre de France.

Artois, 1915.

Noël d'Artois

Soir de guerre. Bruit du canon.
Le village est caché dans l'ombre.
Après la dernière maison
commence la campagne sombre
où se perd le chemin coupé
par une tache de lumière.
Là, dans une grotte de pierre,
la Vierge tient enveloppé
l'Enfant-Jésus, et devant elle
brûlent des cierges, dont le vent
courbe la flamme par moment,
tandis que la cire ruisselle.

Des soldats reposent couchés
au creux d'une meule de paille;
le long de l'abri de rocaille
voici des chevaux attachés;
ils exhalent dans la nuit fraîche
leur souffle lent et régulier,
tels jadis, à leur râtelier,
le bœuf et l'âne de la crèche.

On sent planer au firmament
la paix sereine; dans l'espace
s'éloigne le long sifflement
d'un obus ennemi qui passe.

Puis, au crépitement lointain
et brusque d'une mitrailleuse,
un astre s'allume soudain.
C'est une étoile merveilleuse
pareille à celle que l'on voit
dans les anciens livres d'images,
guidant la route des rois mages.
Elle monte d'abord tout droit,
demeure comme suspendue
et semble hésiter un moment
pour glisser enfin doucement;
l'ombre avec elle est descendue.

Tout s'efface, il ne reste plus
que l'humble faisceau de lumières
dressant sa gerbe de prières
vers la Vierge et l'Enfant-Jésus;
ardente prière de femme,
tendre prière d'un petit
ou d'une mère que redit
le muet langage de flamme,
et la Vierge douce défend
d'un geste de sa main penchée
le mari, le père, l'enfant,
sous les balles dans la tranchée.

Sailly-la-Bourse. — Noël 1915.

Au Repos

C'est un air d'ancienne chanson
né sans doute un soir de moisson
alors que tombait la rosée
sur la campagne reposée;
les voix reprenant le refrain
se répondaient dans le lointain.
On y respire la tendresse
des jeunes amours d'autrefois;
on y reconnaît la caresse
du vent qui passait dans les bois.

Il a de ses notes câlines
rythmé les rondes enfantines,
et dans le silence des nuits
bercé le sommeil des petits.
Par delà montagne et vallée
l'humble chanson s'est envolée
de lèvres en lèvres, glissant
comme une harmonieuse haleine,
emportée avec le passant
dont la voix se perd dans la plaine.

Frêle et douce, elle a survécu
à tout un siècle disparu.
Les amours, les rumeurs, les plaintes
des jours passés se sont éteintes
avec les vivants d'autrefois
comme un écho dans les grands bois.
Et pourtant lorsque tout s'efface,
voici que la vieille chanson
mêle encor son refrain vivace
au grondement sourd du canon.

Les Pensées se croisent

Les enfants ont fait leur prière,
puis ils ont embrassé leur mère
et sont partis. Pas d'autre bruit
dans le silence de la nuit
que la chute ininterrompue
des gouttes qui tombent du toit;
la flamme du foyer décroît,
c'est l'heure longtemps attendue
où l'on peut fermer au besoin
le livre sans finir la page,
tandis qu'on évoque l'image
de ceux qu'on aime et qui sont loin.

Elle songe; une longue année
jour après jour s'est égrenée
sans qu'il soit encore revenu,
et l'avenir, c'est l'inconnu
lourd de dangers, l'inquiétude
qu'on tâche d'oublier parfois,
mais qui pèse de tout son poids
sur les heures de solitude....

Pourtant, elle ne voudrait pas
qu'il fût demeuré là près d'elle;
il est où le devoir l'appelle,
que Dieu le protège là-bas !

Là-bas, dans l'abri solitaire
où l'eau suinte à travers la terre,
il songe aussi; le grondement
du canon s'enfle par moment
puis s'arrête; la nuit est sombre,
il écoute, il guette, il attend;
à travers la plaine, il n'entend
que le vent qui souffle dans l'ombre,
pas une étoile au ciel voilé.
Alors, comme l'oiseau fidèle
rentrant au nid à tire d'aile
son souvenir s'est envolé.

Les yeux clos, il revoit la ville,
la maison, la chambre tranquille :
« Nous vous gardons, dormez petits
dans la douce tiédeur des lits,
dormez les enfants et les femmes.
Si loin que vous soyez de moi,
le lien d'une même foi
rapproche nos cœurs et nos âmes.
Ne vous troublez pas de demain.
Ici-bas, le maître suprême
est aussi le Dieu qui nous aime
et nous sommes tous dans sa main. »

La Somme. — Ravin de Flaucourt, 1916.

Fin de Permission

Cette fois encor, c'est la fin,
l'évanouissement d'un rêve.
Tandis que le repas s'achève,
mère et fils s'efforcent en vain
de ranimer la causerie.
A quoi bon ? Ne savent-ils pas
ce que l'autre se dit tout bas :
— Quand donc finira la tuerie !
— La reverrai-je à mon retour ?
— Reviendra-t-il à cette place ?
— Vivons-nous notre dernier jour ?
Est-ce le passé qui s'efface ?

Déjà le ciel s'est assombri
et la nuit est presque tombée.
Il regarde à la dérobée
les traits du visage amaigri
pour les fixer dans sa mémoire.
Elle suit d'un œil anxieux
le glissement silencieux
et furtif de l'aiguille noire

sur le vieux cadran familier.
De nouveau, les lourdes journées
vont couler d'un flot régulier
pendant des mois ou des années.

On dirait un soir d'autrefois;
tout est si calme, si tranquille;
le grondement sourd de la ville
ressemble au murmure des bois.
Mais l'aiguille à marché; c'est l'heure.
Ils se sont levés tous les deux
le cœur ferme pour les adieux.
Puisqu'il ne faut pas qu'elle pleure,
presque gaiement elle sourit :
« Au revoir, maman bien-aimée.
— Que Dieu te garde, mon petit. »
Et la porte s'est refermée.

Comme il lui semble loin déjà !
Allons, la peine continue.
Voici que la nuit est venue,
et maintenant qu'il n'est plus là,
elle peut souffrir à son aise;
le pauvre sourire est tombé,
le front s'est lentement courbé;
il est si lourd, le poids qui pèse
lorsque s'allonge le chemin;
souci, fatigue, effort stérile.
Ce soir, prier pour lui, demain
se retrouver seule, inutile.

Inutile ? Oh non ! La moisson
lentement, sûrement s'amasse.
Devant Dieu, chaque heure qui passe
accumule pour la rançon
le sang qui coule sur la terre,
les nuits de fièvre et de douleurs,
l'angoisse des femmes, les pleurs,
les deuils, l'attente solitaire,
les prières.... Tout est lié
dans le compte de la victoire.
Courage, rien n'est oublié;
voici l'aube du jour de gloire.

Mars, 1918.

Veuves de Guerre

Sur le même chemin je les ai rencontrées,
les deux mères en deuil, l'une et l'autre entourées
de tout jeunes enfants se tenant par la main.
La première sourit; son visage serein
sous le voile flottant rayonne de tendresse,
et son regard s'anime. On dirait que ses yeux
enveloppent le groupe innocent et joyeux
d'une chaude caresse.

L'autre, le front baissé, précipite ses pas,
tandis que les petits parlent entre eux tout bas.
« Voyez-la, disait-on; dans son âme meurtrie
le pauvre mort qui s'est donné pour la patrie
reste vivant encor; mais celle qui passait
souriante a laissé se fermer la blessure;
chaque jour lentement efface la figure
de celui qu'elle aimait. »

J'ai répondu : « Leur cœur également fidèle
a gardé son amour, seulement aujourd'hui
en songeant à l'absent, l'une pleure sur elle,
l'autre sourit pour lui. »

Les Fêtes de Jeanne d'Arc

A travers la vieille cité
qui reçut jadis la Pucelle,
le cortège a ressuscité
les hennins ornés de dentelle,
les bannières des chevaliers,
les maifleuris, les timbaliers,
les chaperons de couleur vive,
et voici Jeanne presque enfant
portant l'armure et chevauchant
souriante et parfois pensive,
comme si l'avenir voilé
à ses yeux s'était révélé.

Le soleil allume une flamme
aux dorures de son blason;
la foule joyeuse l'acclame,
et des fenêtres, à foison,
les roses tombent autour d'elle.
C'était ainsi quand la Pucelle,
parmi le peuple qui l'aimait,

passait sur les chemins de France.
Au fond de nos cœurs, en silence,
le pieux souvenir dormait,
pour un jour elle est revenue,
et tous nous l'avons reconnue.

Les chevaliers, dans les tournois
ont déployé leurs oriflammes,
et mené le combat courtois
sous les yeux amusés des dames,
puis le rêve s'est effacé,
le cortège s'est dispersé,
et dans la vieille cathédrale
où Jeanne fidèle à ses voix
s'agenouilla plus d'une fois
pour son oraison matinale,
le peuple croyant s'est pressé
comme aux siècles du temps passé.

Les hymnes que chantaient nos pères
ce soir encore ont retenti;
étincelante de lumières,
la vieille église a resplendi.
C'est fini maintenant; la foule
lentement décroît et s'écoule,
et la nuit tombe doucement;
mais devant la blanche statue
de la sainte, voici venue
celle qui fut Jeanne un moment;
elle offre une gerbe fleurie,
puis elle s'agenouille et prie :

« Sainte Jeanne, le temps que nous avons connu
ne ressemblait-il pas aux heures de misère
où Dieu vous envoya pour passer sur la terre ?
Comme en ces jours de deuil, n'avons-nous pas revu
les massacres, la guerre avec ses perfidies,
les pauvres gens fuyant en hâte leur maison,
tandis que, derrière eux, le soir, à l'horizon,
le ciel s'illuminait de reflets d'incendies,
le plus pur sang de France à grands flots répandu,
et puis subitement, quand tout semblait perdu,
l'appui mystérieux des forces invisibles,
et nos soldats vaincus devenant invincibles.

Pendant qu'ils combattaient, vous étiez avec eux,
vous avez prié Dieu qu'Il donnât la victoire;
pour apparaître avec l'auréole de gloire
vous avez attendu que l'ennemi haineux
cessât de profaner le sol de la patrie.
Au milieu des élus, sainte, n'oubliez pas
ceux que Dieu vous avait confiés ici-bas.
Voyez, nous chancelons, et la France meurtrie
n'ose encore regarder l'avenir sans effroi.
Rendez-lui la ferveur des vieux âges de foi,
rallumez dans les cœurs un rayon de lumière,
afin que, nous étant aimés sur cette terre,
nous retrouvions un jour réunis près de vous,
ceux qui nous ont sauvés et qui sont morts pour nous. »

Poitiers, 1920.

MÉDITATIONS ET PRIÈRES

L'Idole

Ils disent : « Nous avons balayé les fantômes
dont s'effrayait jadis la vieille humanité;
notre règne est venu; nous pesons les atomes
et les astres errant parmi l'immensité;
nous tenons dans nos mains la matière asservie;
nous avons pénétré les secrets de la vie;
les miracles divins n'étaient qu'illusion.
Pour expliquer le monde et son éclosion,
nous n'avons plus besoin d'invoquer la puissance
d'un maître prétendant nous imposer sa loi;
l'homme s'est affranchi du prêtre et de la foi;
son Dieu, c'est la science ! »

Pauvres gens ! La science ? Eh bien demandez-lui
ce qu'elle a révélé de l'énigme éternelle.
Que reste-t-il de nous quand le temps s'est enfui,
est-ce un peu de poussière, est-ce une âme immortelle ?
Qu'ai-je à faire ici-bas ? Faut-il pour être heureux,
marcher au jour le jour en détournant les yeux
du terme où me conduit le chemin de la vie ?
Qui pourra me guider sur la route suivie ?

Lorsque je tomberai, qui me relèvera ?
Et quand je pleurerai broyé par la souffrance
auprès d'un mort aimé, sans foi, sans espérance,
qui me consolera ?

Vous-mêmes, croyez-vous à ce vague symbole ?
Non. Le fruit de l'Eden a gardé son poison,
et c'est au fond de vous que se cache l'idole,
alors que vous chantez votre hymne à la raison.
Rien n'est changé depuis les premiers jours du monde,
l'homme encore meurtri de sa chute profonde
sent toujours palpiter le principe immortel
imprégné dans son être, et, dressant un autel,
adore son esprit, pauvre lueur tremblante,
pâle et dernier reflet des rayons disparus,
mais ses yeux obscurcis par l'orgueil ne voient plus
la source étincelante.

Pourtant, chercherait-il à comprendre la loi
de ce monde changeant qui l'emporte et qui passe,
s'il n'avait commencé par un acte de foi ?
Ce n'est pas au hasard que glissent dans l'espace
les astres poursuivant leur cours harmonieux,
qu'immuable et précis un choix mystérieux
groupe dans les cristaux d'invisibles atomes,
qu'à travers tous les temps, les mêmes axiomes
sur les mêmes sentiers guident l'esprit humain,
que dans la nuit, au sein de l'inerte matière,
se fabriquent des yeux, faits pour voir la lumière
et pour s'ouvrir demain.

Nous aussi nous portons dans notre intelligence
et notre cœur aimant le vestige sacré;
jusqu'aux replis secrets de notre conscience
la clarté du rayon divin a pénétré.
Il nous faut la beauté, le bonheur, la tendresse;
un invincible attrait nous soulève et nous dresse
vers Celui qui se voile... et malgré tout, la voix
de l'orgueil revolté murmure en nous parfois :
« N'est-ce pas s'avilir que d'accepter un maître ? »...
A genoux ! Rien ne vaut contre la vérité.
Gloire à Dieu qui nous donne avec la liberté,
la soif de le connaître.

Le Choix

Rêve, ou peut-être souvenir.
Une âme naissante s'éveille ;
elle frissonne et s'émerveille
au seuil brumeux de l'avenir,
à la fois tremblante et ravie
de sentir palpiter la vie :
« Qui suis-je ? J'existe, et pourtant
je porte un mystère en moi-même,
sans pouvoir sonder le problème
du destin caché qui m'attend. »

Et voici qu'un voile se lève,
elle écoute en elle une voix :
« Tu seras libre de ton choix.
Vois cette route qui s'achève
après avoir longtemps monté,
là-bas, très haut, dans la clarté,
la route rocailleuse et dure,
et vois la pente qui descend
lente d'abord, aboutissant
au fond de la vallée obscure.

— Choisir ? Le pourrais-je, Seigneur ?
Je sens un élan qui m'entraîne
vers cette vision sereine,
mais je suis si faible ! J'ai peur
de l'épreuve que je devine.
Quand se taira la voix divine,
quand je sentirai m'accabler
la fatigue et peser le doute,
vous trouverai-je sur ma route,
vous qui venez de me parler ?

— Ne tremble pas, je l'ai suivie
la route que tu ne sais pas ;
tu mettras tes pas dans mes pas
pour marcher au chemin de vie.
Ton fardeau ? Je m'en suis chargé,
tu le recevras allégé.
Pour te laisser reprendre haleine,
à ton angoisse, à ta douleur,
je mélangerai ma douceur ;
à chaque jour suffit sa peine.

Sans me voir, tu te sentiras
enveloppé de ma tendresse.
A tous les appels de détresse
je répondrai; tu m'entendras
te parler dans mon évangile.
Quand on aime, tout est facile,
tu m'aimeras, mon joug est doux;
viens à la place que j'apprête.
Le veux-tu ?
— Seigneur, je me prête
à l'épreuve, et j'espère en vous ! »

La Cloison

Je me revois au temps où j'étais écolier
dans ma chambre, le soir, penché sur mon cahier,
débrouillant mot à mot dans ma tête enfantine
le sens mystérieux d'une phrase latine.
Nous habitions alors une vieille maison,
et j'entendais parfois à travers la cloison
comme des bruits de pas ou de voix assourdie.
Il n'en fallait pas tant pour que la songerie
se mêlât par moment à mon travail distrait :
Penser qu'on reste ainsi côte à côte, et peut-être
que l'on ne saurait pas même se reconnaître
si l'on se rencontrait.

Au chemin de la vie, autour de nous sans cesse
le flot se renouvelle et la foule se presse;
nous distinguons les traits, nous entendons les voix;
après certains aveux, on croirait quelquefois
pénétrer jusqu'au fond des intimes pensées;
les âmes à jamais semblent entrelacées.
Puis un jour, par hasard, un soupir entendu,
un silence, un sourire, un geste inattendu
éveille au fond du cœur une gêne inquiète.
Ceux que j'aime le plus, ceux dont je suis aimé
gardent toujours en eux comme un enclos fermé,
une chambre secrète.

Et ne craignons-nous pas nous-mêmes d'entr'ouvrir
la cachette bien close où nous laissons dormir
tel souvenir pesant, telle ardeur assoupie
dont le brusque réveil troublerait notre vie?
Quand nous sentons parfois à travers la cloison
palpiter le remords muré dans sa prison,
quand se plaint sourdement l'âme encore blessée,
nous refoulons en nous l'importune pensée.
Bienheureux le croyant, logique dans sa foi,
qui cherche la clarté de la pleine lumière,
et peut dire : « Mon Dieu, je connais ma misère,
maintenant, aidez-moi. »

Harmonie

I

Comme la nuit tombait, dans l'ombre
sa voix vibrante s'éleva;
le piano fermé, déjà
n'était plus qu'une forme sombre.

Mais voici qu'un tressaillement
répondit à l'appel sonore;
les cordes muettes encore
frémirent d'abord sourdement;

et puis dans un effort suprême
elles se mirent à chanter,
et leur chant semblait s'exalter,
se confondre avec la voix même.

Quand elle se tut, longuement
l'accord prolongea l'harmonie,
et l'écho de la mélodie
s'éteignit enfin doucement.

II

Notre âme a des fibres secrètes
qu'elle-même ne connaît pas;
elles vibrent en nous si bas
qu'on pourrait les croire muettes.

Mais qu'un rayon brille à nos yeux,
qu'un appel frappe notre oreille,
et voici que soudain s'éveille
un grand frisson mystérieux :

élan vers la beauté qui passe,
profond et sourd frémissement;
écho prolongeant un moment
la résonnance qui s'efface.

L'âme ici-bas se cherche en vain
jusqu'à l'heure où, dans la lumière,
elle vibre enfin tout entière
au rythme de l'archet divin.

Ascension

D'où vient que vous soyez unies
dans un même accord, harmonies
des sons, des formes, des couleurs ?
Pourquoi le parfum dans les fleurs ?
Pourquoi sur le cristal sonore
qu'un peu de cendre avait poudré,
cette fine rosace encore
nous dit-elle qu'il a vibré ? [1]

Pourquoi jusqu'au fond de moi-même
cette résonnance que j'aime,
douce et puissante cependant,
s'éveille-t-elle, répondant
à toutes les voix dispersées
que j'entends me parler tout bas ?
D'où viennent-elles ces pensées
qu'hier je ne connaissais pas ?

Musique des sons, mélodie
faisant vibrer l'âme engourdie,
mettant des larmes dans les yeux.
Enchantement mystérieux

1. Expériences de Chladni.

où se mêlent joie et tristesse,
où passent les rêves ailés
se dérobant à la caresse
de la main qui les a frôlés.

Musique des vers, poésie
allégeant à sa fantaisie
la lourdeur des mots indolents
qui se traînaient précis et lents,
rythme des strophes cadencées
comme le battement soyeux
d'un vol enlevant les pensées
dans son essor harmonieux.

Science, vision abstraite
pressentant l'unité secrète,
devinant le lien caché
jusque-là vainement cherché.
Ivresse de la raison pure
dégageant la loi, saisissant
dans l'énigmatique nature
le sceau marqué du Tout-Puissant.

Mystère de l'âme elle-même.
Elle pense, elle veut, elle aime,
elle souffre aussi; mais l'espoir
transfigure l'humble devoir
et la peine qui l'a meurtrie.
Sous l'aiguillon de la douleur
elle chante encore, elle prie,
et vous lui répondez, Seigneur :

« Je t'ai créée à mon image,
en toi-même et dans mon ouvrage
tu m'as trouvé. Toute beauté
tout amour, toute vérité,
ne sont qu'une même harmonie,
reflet de mon être divin.
Essence immortelle, ta vie
c'est de monter vers moi sans fin. »

Messe matinale

Matin d'hiver, le froid, la nuit.
La brume enveloppe une masse
puissante et confuse, où reluit
un vitrail à fine rosace.
Le monotone tintement
parti d'une cloche invisible
monte et retombe doucement
sur la ville au sommeil paisible.
Bruit léger du vent, ciel voilé
où parfois, au milieu de l'ombre,
s'entrebâille un nuage sombre
laissant voir l'espace étoilé.

Des formes entrent dans l'église
où résonne l'écho des pas,
où flotte une odeur indécise
et très douce d'encens. Là-bas,
jetant sa clarté pâle, un cierge
qui penche finit de brûler,
et laisse devant une Vierge
des gouttes de cire couler
comme des larmes. On devine
agenouillés près de l'autel
ceux qui sont venus à l'appel
matinal de la voix divine.

Parmi les humbles qui sont là,
des servantes, des ouvrières,
la messe commence, et voilà
qu'ouvrant leurs ailes, les prières
ont pris leur vol silencieux :
promesses d'amour exhalées
dans un transport mystérieux
et jaillissant informulées,
comme si les mots, par moment,
ne suffisant plus au langage,
ne pouvaient monter davantage
et se traînaient trop lourdement.

Et puis, c'est aussi la prière
pour tous ceux qui ne savent pas
lever les yeux vers la lumière,
et portent, douloureux et las,

le fardeau pesant de la vie.
Sur les lèvres vient se poser
la forme blanche de l'hostie;
frémissante sous le baiser
mystique, l'âme renouvelle
le pacte d'amour... et voici
qu'effleurant le vitrail pâli,
la clarté du jour se révèle.

Alors, ceux qui priaient s'en vont
par la ville d'un pas rapide;
leur troupe s'égrène et se fond
comme au ciel un brouillard fluide.
Chacun d'eux s'éloigne, emportant
l'hôte divin dans sa poitrine;
de ce tabernacle vivant,
le Dieu qui se voile illumine
ceux dont Il souffre l'abandon.
Il est là, perdu dans la foule,
invisible, et de Lui s'écoule
le flot d'amour et de pardon.

Vêpres de Campagne

Bruit de cloches sur la campagne.
Un souffle très doux accompagne
en sourdine le tintement
qui vibre et décroît lentement,
portant aux maisons de la plaine
l'appel de l'église lointaine.
Voici venir par le chemin
des enfants la main dans la main.
La troupe agile se dépêche
précipitant ses pas légers;
tels jadis les petits bergers
courant voir Jésus dans sa crèche.

C'est le même délaissement,
encor le même dénuement :
des bancs vermoulus presque vides,
aux vieux murs des taches humides,
et tout en haut, l'on aperçoit
du jour qui filtre dans le toit.
Mais par une vitre cassée
un bout de branche balancée
présente un bouquet printanier,
gerbe gracieuse et fleurie
offerte à la Vierge Marie
sans façon par le marronnier.

A l'écart sur une colonne,
saint Joseph porte une couronne
en papier d'argent découpé;
le vieux lustre est enveloppé
d'une gaze de couleur tendre.
Monsieur le Curé, sans attendre,
Attaque sur l'harmonium
« *Deus in adjutorium...* »
et pour bien marquer la cadence
bat la mesure d'une main.
Un coq répond dans le lointain;
l'office des vêpres commence.

Et du fond du passé, comme un souffle brûlant,
se soulève l'écho des vieux psaumes bibliques,
ceux mêmes que Jésus, dans l'avenir sanglant,
voyait s'illuminer de lueurs prophétiques,

ceux qu'autrefois déjà chantaient nos morts aimés,
ceux que répéteront les foules en prière
quand d'autres yeux seront ouverts à la lumière,
quand les nôtres seront fermés.

Pour les simples d'esprit dont les voix se confondent
le sens précis des mots reste mystérieux;
lentement balancés, les versets se répondent,
chacun se laisse aller à son rêve pieux;
qu'importe, le faisceau d'une même harmonie
mêle tous les accents, et les cœurs tourmentés
offrent du moins à Dieu leurs bonnes volontés
dans une gerbe réunie.

La prière sacrée, au bout de trois mille ans
passe encore aujourd'hui sur les lèvres humaines
sans se lasser jamais. A travers tous les temps
les hommes n'ont-ils pas porté les mêmes peines
et gardé le besoin de croire, d'espérer,
de découvrir l'amour dans la toute-puissance,
et surtout de chercher aux heures de souffrance,
un Dieu qui se laisse implorer?

Les chants s'éteignent dans l'église.
Comme des épis sous la brise
les fronts s'inclinent un moment,
puis se relèvent doucement;
la bénédiction qui passe
se répand à travers l'espace
sur les champs et sur les maisons.
Le soleil revêt de rayons

l'humble tabernacle de pierre,
on dirait que pour un instant,
le Christ invisible pourtant
s'est enveloppé de lumière.

Et c'est fini, chacun s'en va,
les petits d'abord, quittant là,
aussitôt la porte franchie,
leur mine grave et recueillie,
puis les anciens s'échelonnant
sur les chemins d'un pas traînant.
A travers l'église fermée
flotte encor l'odeur parfumée
que laisse l'encens refroidi,
et dans sa prison volontaire,
Jésus demeure solitaire,
ne gardant pas même un ami.

Petit à petit, des coins sombres
commencent à glisser les ombres
mêlant leur flot silencieux.
Le jour mourant s'envole aux cieux
et se disperse dans l'espace.
Les bruits se taisent, tout s'efface.
Cependant au vitrail teinté
paraît encore une clarté,
reflet de la flamme légère
allumée auprès de l'autel,
comme dans notre corps mortel
palpite une âme de lumière.

Cimetière de Campagne

On dirait un jardin à l'ombre de l'église.
La mousse a recouvert les murs de pierre grise
où s'accrochent mêlés le lierre et le jasmin;
les saules frémissants qui bordent le chemin
se penchent sur l'enclos, laissant pendre leurs branches
au-dessus du gazon, des marguerites blanches,
des roses de l'été, des tombes et des croix.
Là reposent les morts d'hier et d'autrefois,
ceux qui passent encore au fond de nos pensées
lorsque nous évoquons des formes effacées,
ceux dont le nom jamais ne résonnera plus,
et que nul des vivants d'aujourd'hui n'a connus.

« Ces âmes, Seigneur, où sont-elles ?
Vous leur aviez donné des ailes
pour monter quand se briserait
le lien qui les enserrait.
Lorsqu'elles se sont envolées,
est-ce à vous qu'elles sont allées ?

Votre ciel est si haut, si pur !
Au sortir de ce monde obscur
qui les retenait engourdies
se cachent-elles éblouies ?
Se pressent-elles en tremblant
devant le seuil étincelant ?

En est-il qui, désespérées,
glissent à l'abîme, attirées
malgré leurs ailes, par le poids
trop lourd des fautes d'autrefois ?
Quand elles ont quitté la terre,
combien ont vu votre lumière ?

Accourant du fond du passé,
comme un torrent au flot pressé,
chaque jour, des êtres sans nombre
ont franchi le défilé sombre
d'où nul écho n'est revenu,
sans vous avoir jamais connu.

Les corps retombent en poussière,
mais l'étincelle prisonnière

qui jeta son éclat tremblant
ne peut plus rentrer au néant.
Toutes ces âmes immortelles
aujourd'hui, Seigneur, où sont-elles? »

Au centre de l'enclos, attaché sur la croix,
le Christ ouvre les bras. On croirait que le bois
où la rouille des clous a glissé sous les pluies
s'empourpre encor du flot coulant des chairs meurtries,
et que Jésus répond tout bas, les yeux fermés :
« Regarde, vois combien je vous ai tous aimés ! »

La Source

Sous un chêne, au bord du chemin,
l'eau de la fontaine limpide
déborde en chantant du bassin.
Le glissement du flot rapide
ralentit son élan brisé
parmi les pierres où s'attache
l'écume au reflet irisé,
puis la nappe claire se cache
entre les vieux saules trempant
leurs branches au fil du courant.

C'est un humble ruisseau qui coule
comme une vie humble s'en va,
échappant aux yeux de la foule,
dédaignée, et pourtant voilà
que la racine souterraine
de l'arbre et de la fleur des prés
s'abreuve à l'eau de la fontaine,
et que les épis altérés
puisent aux profondeurs obscures
leurs sucs pour les gerbes futures.

Moissons des blés s'amoncelant
en flots d'or aux granges rustiques,
moissons des âmes exhalant
leurs parfums aux jardins mystiques,
au pays où ne jaillit plus
l'eau des sources, mais la fontaine
d'eau vive et d'amour dont Jésus
parlait à la Samaritaine,
la fontaine de vérité
qui coule dans l'éternité.

Parmi la foule qui l'ignore
s'épanche le flot souterrain;
le germe secret s'élabore
lentement dans l'ombre et soudain,
toute une floraison splendide
commence à monter vers les cieux :
rose de gloire, lys candide
gonflé du suc mystérieux,
fleur sanglante du sacrifice
s'ouvrant au soleil de justice.

C'est le flot qui coula du cœur
blessé par la lance cruelle,
le flot de grâce et de douceur
qui chaque jour encor ruisselle.
Du calice, le sang divin
déborde aux profondeurs obscures
du monde qui l'oublie en vain
et fait jaillir de nos souillures,
saisis par l'amour et domptés,
les élus qu'il a rachetés.

La Ruche

« In Deo vivimus, movemur, et sumus. »

Peuples disciplinés des actives abeilles,
lorsque penchés sur vous, nous scrutons vos merveilles
et que nous admirons l'ordre de vos cités,
vainement nous cherchons comment vous sont dictés
prévoyants et précis vos gestes millénaires.
Dans la ruche en travail, dociles ouvrières,
vous recueillez le miel des mois ensoleillés
revenant chaque jour aux routes parcourues,
quand l'hiver tombera sur les bois dépouillés
vous serez déjà disparues.

Mais la race vivra jusqu'au printemps prochain,
et vos sœurs trouveront pour apaiser leur faim
la réserve scellée aux amphores de cire.
Vous aviez mesuré ce qui devait suffire.
Tout recommencera sans que rien soit changé,
le vol aux prés fleuris, le travail partagé,
la récolte du miel la naissance royale,
la reine fugitive emmenant son essaim,
le meurtre des bourdons, la torpeur hivernale.
Le cycle reprendra sans fin.

Merveille de la ruche et semblable mystère
de notre corps fixant la vivante matière.
Un seul être, et pourtant des peuples infinis
où chacun a sa place et son travail précis.
Tournoiement continu d'invisibles globules,
portant le suc vital aux lointaines cellules,
monde laborieux s'activant et peinant,
s'écroulant chaque jour et restauré sans cesse,
ne se connaissant pas lui-même, emprisonnant
comme la ruche, une princesse.

Et la cellule encore est un vaste univers
ordonnant et liant ses éléments divers :
minuscules soleils entraînant leurs planètes,
orbites réguliers traversés de comètes.
Au-delà ? Savons-nous ? Peut-être d'autres cieux,
d'autres mondes encor créés pour d'autres yeux,
mais de l'abîme obscur à la voûte sereine
nous avons retrouvé la même loi réglant
l'atome vagabond qui se devine à peine,
l'astre au sillage étincelant.

Nous vivons, et partout sur la route suivie
se dresse devant nous l'énigme de la vie.
Souverains dédaigneux d'un empire inconnu
nous régnons sur un peuple où l'ordre est maintenu.
Et puis, un jour arrive où le pacte se brise,
la fluide matière échappe à mon emprise.
Les liens sont rompus, mon corps n'est plus à moi,
tremblante, sans appui, l'âme désemparée
reste seule. Pourquoi cet abandon ?
— Pourquoi ?
La main de Dieu s'est retirée.

L'Eclair

I

Le couchant garde encore un reflet de lumière;
à l'horizon teinté d'une lueur dernière,
de gros nuages lourds se traînent lentement,
et l'on perçoit au loin comme un sourd grondement.
Dans l'église où les bruits s'éteignent, tout est sombre,
aux fenêtres s'attarde un reste de clarté,
mais les piliers massifs et l'autel déserté
disparaissent dans l'ombre.

Brusquement c'est le jour; un éclair aveuglant
inonde le ciel noir d'un flot étincelant,
et tout s'est embrasé, la grande église vide,
les vitraux transpercés d'une flamme rapide,
les arceaux flamboyants, le mur où resplendit
la forme de la croix. Le fracas du tonnerre
ébranle d'un seul coup le lourd vaisseau de pierre
qui rentre dans la nuit.

II

Quand vient l'heure où parfois l'angoisse nous oppresse,
un voile noir s'abat sur le cœur en détresse.
L'ombre a tout envahi : le passé disparu,
le présent douloureux, l'avenir inconnu
mais assombri déjà des soucis de la veille,
et pourtant nous sentons en nous obscurément
quelque chose d'ailé qui palpite en dormant,
un espoir qui sommeille.

Dans l'âme s'ignorant elle-même, est resté
l'inconscient regret de l'Eden déserté.
Elle attend. Aussitôt qu'à travers la matière
a filtré brusquement un rayon de lumière,
comme Jean tressaillait dans le sein maternel,
elle frémit et vibre au souffle de la vie,
un frisson la soulève et l'entraîne ravie
sur les routes du ciel.

Puis la brume retombe et l'horizon se voile.
Qu'importe, au firmament brille toujours l'étoile.
Nous croyons. Notre foi nous suffit. Au delà
de ce monde changeant nous devinons déjà
l'épanouissement de gloire pressentie
où nous reconnaîtrons la divine beauté,
quand la mort en passant rendra sa liberté
à l'âme appesantie.

Jours sombres

Heureux ceux qui vivaient aux vieux âges de foi
où les docteurs, courbés humblement sous la loi,
cherchaient le Dieu caché dans les jardins mystiques,
où la foule vibrait au souffle des cantiques,
où la mort semblait douce, où les peuples bénis
bâtissaient en chantant leurs églises de pierre
dont la flèche montait ainsi qu'une prière
tout droit dans les cieux infinis.

Maintenant, la nuit vient. Desséchés par le doute
les cœurs se sont durcis ; sur le bord de la route
la croix se dresse encor, mais le passant haineux
l'outrage d'un blasphème ou détourne les yeux ;
les cloîtres sont fermés, les églises sont vides,
le Christ est pourchassé de l'âme des enfants,
du seuil des tribunaux, du chevet des mourants,
et du cercueil des morts livides.

Quand se sont effacés les espoirs radieux,
un abîme sans fond s'est ouvert dans les cieux.
Le monde a rejeté la divine parole
pour pécher sans remords; la science est l'idole
que les peuples courbés adorent à genoux.
De nouveau retentit la clameur populaire
qui montait vers Jésus des pentes du Calvaire :
« Que son sang retombe sur nous. »

Pourquoi m'avoir, mon Dieu, moi dont la foi chancelle,
pourquoi m'avoir jeté dans ce monde rebelle
où je vous cherche en vain, où je sens ma raison
s'imprégner malgré moi d'un perfide poison ?
Quand je ne puis déjà lutter contre moi-même,
comment étoufferais-je encore ce ferment
de révolte et d'orgueil ? Et sais-je seulement
au fond, Seigneur, si je vous aime ?

Et pourtant, votre grâce est là. Pourquoi trembler,
pourquoi laisseriez-vous mon âme se troubler
quand je vous ai prié de garder ma faiblesse ?
Il me semble parfois, aux heures de détresse,
que votre appel se fait plus pressant et plus doux
comme pour mieux toucher le cœur qui vous oublie.
A votre voix, je sens mon âme ensevelie
de nouveau se tourner vers vous.

Eh quoi ! vous m'appelez, Seigneur, pour vous défendre,
vous le Dieu tout-puissant ! Vous allez condescendre
à recevoir encor quelque chose de moi,
alors que tout me vient de vous, même la foi ?

Que pourrais-je donner qui ne vous appartienne ?
Je vous offre du moins ma bonne volonté ;
dirigez-la, Seigneur. Quand je serai tenté,
que votre grâce me soutienne.

Je sais bien que souvent je vous offenserai,
si parfois je m'égare en chemin, je serai
comme l'enfant perdu dont parle l'Evangile,
songeant à la maison, et revenant docile
y chercher le pardon avec la paix du cœur.
Quand l'heure arrivera de quitter cette terre,
puissé-je aller à vous, comme un fils vers son père,
me jeter dans vos bras, sans peur.

A Verlaine

> **C'est bien la pire peine**
> **de ne savoir pourquoi**
> **sans amour et sans haine**
> **mon cœur a tant de peine.**

Tu demandais, pauvre Verlaine,
pourquoi ton cœur était en peine,
ton cœur lassé des faux beaux jours
et de ces charnelles amours
passant sur l'âme qui sommeille
comme un fantôme dans la nuit,
l'obsédant quand elle s'éveille
d'une image qui la poursuit.

Souvent, au hasard de la vie,
ta nonchalante fantaisie,
oublieuse des lendemains,
s'égarait aux pires chemins,
mais la chanson parfois impure,
triste toujours que tu chantais,
laissait deviner la blessure
secrète encor que tu portais.

Puis ce fut l'heure d'agonie...
n'était-ce pas l'heure bénie...
où tu fléchis sous la douleur.
Tu pressentis une douceur
cachée au fond de la souffrance.
Tu joignis les mains, et la paix
descendit avec l'espérance
dans ta cellule aux murs épais.

Jadis, au lac de Galilée
courait la vague échevelée,
l'ouragan jetait sa clameur
tandis que vous dormiez, Seigneur,
mais soudain votre main puissante
au-dessus des flots se dressa
et sur la mer obéissante
la barque divine passa.

Notre âme aussi lourde et lassée
dort dans la barque menacée,
nous-mêmes nous n'en savons rien,
vous, Seigneur, vous le savez bien !
parmi les amours et les haines,
les songes impurs quelquefois,
les faux bonheurs, les fausses peines,
les bruits du monde aux mille voix.

Puis un jour votre main se lève
et tout s'efface comme un rêve.
« Eh quoi, ce n'était que cela ?
C'est si vide, si loin déjà !

Mais, Seigneur, quelle solitude !
Pourquoi m'avez-vous réveillé ?
Je souffrais, la vie était rude,
cherchant l'oubli, j'ai sommeillé.

— Regarde en face la souffrance.
Il le faut, c'est la délivrance.
Je suis venu quand tu dormais
vers ta pauvre âme que j'aimais ;
elle est à moi, je la veux toute,
elle a des ailes pour voler.
Maintenant elle est prête. Ecoute.
Je suis là pour te consoler. »

L'Appel

Seule dans la chambre fleurie
du vieil hôtel silencieux,
elle a laissé la rêverie
prendre son vol mystérieux.
Échappant à sa main distraite,
un livre a glissé doucement;
le soir qui tombe lentement
laisse couler sa paix secrète.

Les traits de son visage fin
ont le charme de la jeunesse;
un souffle venu du jardin
a passé comme une caresse
apportant un parfum léger.
Tout dolent, sur une croix noire,
un Christ ouvre ses bras d'ivoire;
grave, elle s'est mise à songer.

Est-ce une peine qui sommeille ?
Est-ce l'émoi doux et profond
du premier amour qui s'éveille
pénétrant le cœur jusqu'au fond

d'une ivresse encore inconnue?
Est-ce une ombre sur l'avenir?
Ou revoit-elle en souvenir
quelque figure disparue?

Non, c'est une voix qu'elle entend
parler tout bas dans le silence,
quand sur elle parfois s'étend
comme une invisible présence,
et la voix dit : « Viens avec moi,
je suis la vie et la lumière,
viens sans regarder en arrière,
et la paix descendra sur toi.

— Eh quoi, Seigneur, tous ceux que j'aime
il faut donc les quitter pour vous
et les blesser au cœur moi-même !
Votre appel, à la fois, est doux,
et si cruel qu'il me déchire;
laissez-moi m'asseoir en chemin
et ne reprendre que demain
la route où votre voix m'attire.

— Viens, ne crains pas, depuis longtemps
tu me cherchais. Je ne moissonne
que le blé bien mûr, et j'attends
que ton cœur désarmé se donne.
— Seigneur, ne se donne-t-il pas !... »
Dans la pure blancheur d'ivoire
qui rayonne sur la croix noire,
le Christ ouvre tout grands les bras.

Sur le Seuil

VEILLE DE PROFESSION RELIGIEUSE

Quand j'ai quitté pour vous le monde, j'ignorais
en vous cherchant ici, Seigneur, si je pourrais
vous suivre jusqu'au bout sur la route inconnue.
Invisible et présent vous m'avez soutenue;
comment retournerais-je à présent sur mes pas ?
Vous connaissez mon cœur changeant mieux que moi-même,
mais je vous l'ai donné, je crois que je vous aime
et je me jette dans vos bras.

Gardez-moi près de vous comme autrefois Marie.
Quand la foule bruyante en passant vous oublie,
et qu'en vain vous guettez sur le bord du chemin,
Seigneur, l'enfant perdu pour lui tendre la main
et changer en douceur sa peine consolée,
quand vous demeurez seul, abandonné, pourtant
vous le savez, mon âme est là qui vous attend;
ne l'avez-vous pas appelée ?

Montrez-moi les sentiers que je ne connais pas,
laissez-moi retrouver la trace de vos pas,
vous contempler avec les bergers dans vos langes,
vous rejoindre au désert où vous servaient les anges,
aux champs de Béthanie écouter votre voix,
gravir à vos côtés les pentes du Calvaire,
essuyer votre face, auprès de votre mère
me tenir au pied de la Croix,

et là vous adorer, pleurer sur vos souffrances,
réparer, expier pour toutes nos offenses,
pour les miennes d'abord, pour la foule de ceux
qui n'ont pas entendu votre appel douloureux
et qui s'en vont, les uns tout courbés vers la terre,
les autres, les heureux de ce monde, emportés,
de plaisirs en plaisirs, les plus déshérités...
ils ne savent pas leur misère !

Pour être à vous, j'ai dû quitter ceux que j'aimais,
pourtant je reste encor plus près d'eux que jamais,
puisque, par vous, en vous, je leur demeure unie,
et qu'en vous seul, Seigneur, est la voie et la vie.
Laissez-moi vous parler de tous à chaque instant
pour garder les vivants, et pour aider les âmes
qui dans l'éternité montent parmi les flammes
au foyer d'amour en chantant.

Et quand viendra le temps marqué par vous, j'espère
qu'à votre voix, mes yeux obscurcis s'ouvriront,
et qu'enfin dessillés, ils vous reconnaîtront,
Seigneur Jésus, dans la lumière.

Le Rosier blanc

Autrefois, un soir de printemps,
l'anniversaire de Marie,
les cadeaux, la table fleurie
d'un rosier blanc pour ses vingt ans.

Voici que sa tête se penche;
gaîment d'un geste gracieux,
elle cueille une rose blanche
et la pique dans ses cheveux.

Le rosier blanc, un jour, ensemble
au jardin, nous l'avions planté
sous un lilas, bien abrité...
le cœur se serre, la main tremble....

Déjà le rosier grandissait,
elle était douce et recueillie
et son âme aussi fleurissait.
Alors, un soir, Dieu l'a cueillie.

Sans Elle

Nous sommes rentrés seuls dans la vieille maison ;
nous avons retrouvé la campagne fleurie,
les arbres du jardin penchés sur la prairie
et l'éperon boisé qui ferme l'horizon.
Voici la tour carrée où s'attache le lierre
mêlé de vigne vierge au feuillage éclatant,
et le souple jet d'eau qui retombe en chantant
au milieu du bassin de pierre.

Rien ne paraît changé, mais tout s'est assombri.
Sans elle, nous avons repris la grande allée
à l'ombre des tilleuls, le long de la vallée.
C'était un soir ensoleillé comme aujourd'hui,
elle marchait auprès de nous dans l'avenue,
nous faisions des projets encor. S'arrêtant là,
elle nous dit : « Rentrons, je suis lasse déjà. »
Elle n'est jamais revenue.

Entre elle et nous depuis, le voile s'est baissé;
sa voix que nous aimions, son regard, son sourire,
les mots gais ou profonds qu'elle savait nous dire,
tout cela maintenant n'est plus que le passé.
Le cercle rétréci ne garde plus sa place,
quand nous fermons les yeux espérant la revoir,
il nous semble poursuivre une ombre, sans pouvoir
fixer la forme qui s'efface.

Elle nous est présente et lointaine à la fois;
en vain nous la cherchons et tout nous la rappelle :
les objets familiers encore imprégnés d'elle,
le piano fermé qui chantait sous ses doigts,
l'ouvrage interrompu, la page inachevée,
et les traits qui marquaient sa taille sur le mur.
Son image apparaît dans un brouillard obscur;
la blessure s'est ravivée.

N'y touchons pas. Relevons-nous. Pour le croyant
la vie est le sommeil et la mort est l'aurore
invisible à nos yeux appesantis encore.
Côte à côte ici-bas, nous marchons, ne voyant
de ceux que nous aimons qu'une forme fluide,
sans pénétrer jusqu'à leur âme, sans savoir
si nous les garderons près de nous, sans pouvoir
ralentir leur course rapide.

Puis un jour, ils s'en vont; nous les croyons perdus.
Ne sont-ils pas plus près de nous que sur la terre,
attendant qu'eux aussi s'ouvrent à la lumière
nos yeux ternis de pleurs et qui ne les voient plus ?

N'ont-ils pas resserré cette chaîne invisible,
nous liant à nos morts, aïeux, parents, amis,
ancêtres inconnus, mais qui nous ont transmis
leur foi, notre force invincible ?

Quand nous prions, parfois il semble que tout bas
comme si notre enfant nous était revenue,
résonne encor la voix si chère qui s'est tue :
« Je suis au ciel, avec mon Dieu, ne pleurez pas.
Je L'aime et je Le vois ; en L'aimant, je vous aime,
en Le voyant, à travers Lui, je vous vois tous,
je ne vous quitte pas, vous m'aurez près de vous
à l'heure de l'appel suprême. »

EN CE TEMPS-LA

Notre-Dame de la Crèche

Δακρυοεν γελασασα.

Déjà les bergers sont partis
avec leurs chiens et leurs brebis;
maintenant la Vierge repose.
Par les trous de la porte close
le vent d'hiver entre en sifflant
et fait voler les brins de paille.
De son mieux saint Joseph travaille
à réparer le toit branlant;
le bœuf et l'âne sont bien sages,
et sous leur bon regard ami,
paisible en attendant les mages,
l'Enfant-Jésus s'est endormi.

Voici les petites mains fines
que bientôt blesseront les clous,
et la tête qui va pour nous
porter la couronne d'épines,
les lèvres d'où s'exhaleront
les mots d'espoir et de tendresse
guérissant les cœurs en détresse,
et les yeux qui se fermeront

quand près de la croix en silence
la Vierge douce pleurera,
le côté que transpercera
le fer aiguisé de la lance.

Le péril reste encor voilé;
nul indice n'a révélé
que déjà la menace hostile
plane sur la crèche tranquille.
Jésus n'est qu'un petit enfant
blotti sous la main maternelle,
comme un oiselet sous une aile
dans le nid bercé par le vent.
Marie en souriant caresse
son fils d'un regard attendri,
mais voici qu'une ombre s'abaisse
sur le doux visage assombri.

O mère, en ce moment peut-être
à vos yeux viennent de s'ouvrir
les profondeurs de l'avenir
qui déjà laissent apparaître
mêlant la gloire et les douleurs
l'ascension dans la lumière
et la mort sanglante au Calvaire,
Vierge bénie, et Vierge en pleurs !
Autour de vous tout est silence;
le vent d'hiver au fond des bois
fait gémir l'arbre de la croix.
Le monde attend sa délivrance.

Le Repos en Egypte

En ce temps-là, Joseph et Marie et l'Enfant
se hâtant vers l'exil sous un ciel étouffant
reprenaient à rebours le chemin de l'exode,
et fuyaient au désert les massacres d'Hérode.

Or un soir, au moment où le jour incertain
laissait encor traîner à l'horizon lointain
comme la frange d'or d'un manteau de lumière,
ils virent devant eux surgir un sphinx de pierre.
Le géant solitaire et pensif écoutait
passer dans la rumeur du vent qui palpitait
l'appel mystérieux de l'énigme éternelle;
levant vers le ciel pur ses grands yeux sans prunelle
le monstre regardait la nuit se dérouler;
on entendait dans l'ombre une source couler,
le doux bruissement des palmes frémissantes
s'enflait et décroïssait en ondes caressantes,
et les saints voyageurs s'arrêtant en ce lieu
afin d'y reposer, rendirent grâce à Dieu.

Marie, en le berçant serrait Jésus contre elle
et, pour le protéger, de sa main maternelle,
ramenait sur l'Enfant les plis de son manteau.
Dans le socle effrité, sous le lourd chapiteau
une étroite logette en forme d'alvéole
lui prêta son abri. Lentement l'auréole
nimbant le front très pur s'inclina de côté;
elle ferma les yeux. Sur le ciel velouté
une étoile glissa d'une course légère,
puis tout resta paisible; une faible lumière
rayonnait de la Vierge et de Jésus dormant.
Etendu sur le sol à leurs pieds, humblement,
saint Joseph sommeillait; alors, comme un murmure
une plainte monta du sphinx dans la nuit pure.

« Lorsque le monde encore était à son matin,
les hommes ont taillé mon basalte hautain
non pour faire surgir quelque nouvelle idole,
mais pour en dégager un austère symbole.

Ainsi qu'eux, je subis en moi l'accouplement
de deux êtres liés pour leur commun tourment.
Couché comme un lion à l'affût dans la plaine
j'ai le corps de la bête et ma face est humaine.
Docile à je ne sais quel invincible appel,
je sens mon front pesant se lever vers le ciel.

J'ai scruté de mes yeux avides
l'abîme obscur des nuits limpides.
J'ai vu les astres s'élancer
du bord de l'horizon sans voiles,
mais je n'ai jamais vu passer
la main qui jette les étoiles.

Tout vivant ici-bas suit le même destin :
ignorant qui l'appelle, il se lève un matin,
et le soir, quand il rend son corps à la poussière,
il tremble d'épouvante au seuil du grand mystère,
car nul d'entre les morts n'a jamais raconté
ce que ses yeux vitreux voient de l'autre côté.

Quels sont les fous, quels sont les sages ?
Ceux qui, couronnés de feuillages
vont en chantant à leur festin ?
Celui qui passe dans la vie
insouciant de son destin,
ou celui qui travaille et prie ?

Si le trépas fatal aboutit au néant,
la vertu n'est qu'un mot. Si le gouffre béant
s'éclaire à la lueur de l'aube véritable
tout ici-bas est vain. L'énigme redoutable
se pose pour chaque homme et lui-même est l'enjeu.
Malheur à lui s'il perd, car il perd contre un dieu.

Mais ce dieu nous voit-il et sait-il nos misères ?
S'il est dur et cruel, qui met au cœur des mères
l'amour et la douceur ?
S'il nous aime, pourquoi laisser sa créature
implorer vainement l'impassible nature
source de la douleur ?

S'est-il donc pour toujours détourné de la terre ?
N'entend-il pas monter avec notre prière
l'appel de notre foi ?
La vieille humanité cherche en souffrant son maître,
toi qui nous as donné la soif de te connaître,
ô Dieu, révèle-toi. »

La plainte s'éleva, puis retomba lassée
telle dans un cœur triste une lourde pensée.
Alors, la nuit vibra d'un long frémissement,
la plaine tressaillit; on eût dit par moment
que la brise apportait l'écho d'une musique;
des voix pures au loin, chantaient comme un cantique.

« Il vient à vous, le Dieu caché;
il s'est revêtu de misère;
petit enfant, il est couché
dans les bras bénis de sa mère;
le maître divin du tonnerre
sur votre peine s'est penché.

Il s'est ému de votre plainte
quand vous l'imploriez à genoux;
il vous aime; son joug est doux;
il veut votre cœur sans contrainte.
C'en est fait de la loi de crainte,
le Dieu d'amour est parmi vous. »

La brise du matin se levait sur la plaine
et la voix qui chantait résonnait plus lointaine.
Au bord du ciel pâli, l'aurore s'allumait,
et gardé par le sphinx, l'Enfant Jésus dormait.

Les Enfants

Sinite parvulos venire ad me.

Jésus s'est arrêté sur le bord de la route.
Parmi les moissonneurs qui reviennent des champs,
les passants curieux, les femmes, les marchands,
cette foule ravie et grave qui l'écoute,
les enfants attirés d'instinct sont parvenus
à se glisser tout doucement pour mieux l'entendre
jusqu'à ses pieds, fixant sur lui le regard tendre
et clair de leurs yeux ingénus.

Ce qu'il dit? Qu'il apporte une grande nouvelle,
que le bonheur n'est pas où le monde le croit,
qu'il faut prier, aimer surtout, et que Dieu voit
le fond de tous les cœurs, que l'âme la plus belle
est la plus transparente et la plus pure aussi,
et que pour être admis sur le seuil redoutable
au royaume du ciel, il faut être semblable
à ces petits, là, près de lui.

Quand ils joignent leurs mains sous le regard des mères,
confiants, recueillis, leur langage innocent
prend vers Dieu son essor, si léger, si puissant
que le blasphème impur et les plaintes amères
retombent dominés par ces petites voix,
et que le pécheur même un jour a pour défense
un appel oublié de sa lointaine enfance,
parti pour le ciel autrefois.

Mais voici que le monde a renié son maître,
et l'école sans Dieu, lentement, sourdement,
empoisonne les cœurs de son mortel ferment.
Ces enfants vivront-ils, Seigneur, sans vous connaître?
Comme au temps où vous les gardiez sur vos genoux
attirez ces petits qu'on s'acharne à vous prendre,
ces âmes en prison qu'on ne veut pas vous rendre,
laissez-les revenir à vous !

La Foi

Qui de nous ne s'est dit, en lisant l'Evangile :
« Combien alors, la foi devait être facile !
Pour croire, il suffisait de bonne volonté.
Heureux ceux qu'appelait Jésus ! La vérité
illuminait leurs cœurs sans étude et sans livre.
Ils voyaient chaque jour, au geste de sa main,
les malades rangés sur le bord du chemin
se lever guéris, pour le suivre. »

Cependant, parmi ceux qui marchaient sur ses pas,
l'un ou l'autre, parfois, ne murmurait-il pas :
« Une clarté nouvelle a brillé sur la terre,
mais elle s'enveloppe encore de mystère.
De qui Jésus tient-il son pouvoir surhumain.
Est-ce le temps où doit paraître le Messie ?
Il proclame : « Je suis la vérité, la vie. »
Il parle en maître souverain.

Pourtant, nous connaissons ses frères et sa mère :
Joseph le charpentier, n'était-il pas son père?
Parfois, à l'écouter, notre cœur est brûlant,
et parfois, il nous tient un langage troublant.
Heureux ceux qui vivront dans de longues années;
quand le temps aura fait son œuvre, ils jugeront
les semences d'après leurs fruits, et connaîtront
si Dieu nous les avait données. »

C'est la loi d'ici-bas : La lumière qui luit
pâlit et par instant s'efface dans la nuit.
Quand nous sentons peser les ténèbres du doute,
anxieux, nous cherchons pour guider notre route
l'étoile qui brillait comme un flambeau divin.
A-t-elle disparu dans l'ombre d'un nuage?
Ce que je croyais voir, n'était-ce qu'un mirage
un reflet fugitif et vain?

— Va, ne crains pas. Tous ceux qui cherchent la lumière
sans laisser les péchés alourdir leur paupière
retrouvent la lueur tremblant à l'horizon.
On croit avec le cœur comme avec la raison.
La foi, c'est l'être entier, amour, vouloir, pensée,
répondant à l'appel qui vibre au fond de nous,
livrant à Dieu son âme, attendant à genoux
une vision commencée.

Simon et Véronique

Quand le Cyrénéen descendit du Calvaire,
reprenant pas à pas le chemin parcouru
il reconnut encore visibles sur la terre
le sillon de la croix et le sang répandu.
Il retrouva le banc près de la maison basse
où le Sauveur s'était au passage appuyé,
où Véronique avait doucement essuyé
la tête ruisselante et lasse.

Elle était là peut-être encor ? Quand il entra,
il entendit monter l'écho sourd d'une plainte,
et d'un geste la femme en pleurant lui montra
sur le linge étendu la douloureuse empreinte.
Dans l'image sanglante, on eût dit que les yeux
s'étaient ouverts, emplis d'une immense détresse,
et qu'un regard profond, imprégné de tendresse
maintenant se posait sur eux,

sur les deux seuls amis qui, le long de la route,
avaient pris une part au supplice infamant,
et malgré le mépris, les injures sans doute,
assisté le Sauveur dans son abaissement.
Pour l'une, élan d'une âme ardente et généreuse,
et pour l'autre d'abord appelé malgré lui,
la pitié grandissante et l'effort et l'appui
durant la marche douloureuse.

Jésus les regardait, eux qui l'avaient aimé,
et son regard plongeant dans les siècles peut-être,
voyait déjà parmi l'avenir embrumé,
ceux qui, passant un jour sans encor le connaître
entendraient son appel et l'aimeraient aussi.
Il serait toujours là, sous la forme charnelle
de ses pauvres, portant sa misère immortelle,
souffrant l'abandon et l'oubli.

Alors elles viendraient ces âmes de lumière
riches de leur amour, accourant se donner,
ayant encor gardé leur pureté première,
ne connaissant le mal que pour le pardonner.
Et tandis que les mains panseraient ses blessures,
voici que la divine image apparaîtrait;
sur les cœurs obscurcis elle rayonnerait
et noierait toutes leurs souillures.

Le Calvaire

Le buisson du chemin abrite sous ses branches
un très ancien Calvaire au penchant du coteau;
la souple floraison des aubépines blanches
s'enroule autour de lui comme un épais manteau.
En passant on peut lire encor sur une pierre
disjointe par le temps du socle ruiné :
« Mon Dieu, mon Dieu, pourquoi m'avoir abandonné? »
l'appel de Jésus à son Père.

C'était la fin. Le ciel restait sourd à sa voix.
Tandis que haletait sa poitrine meurtrie,
et que le sang divin ruisselait sur la croix,
il laissa retomber sa tête appesantie.
La Vierge était debout près du disciple aimé,
Madeleine pleurait, le front dans la poussière;
les bourreaux attentifs guettaient l'heure dernière,
tout serait bientôt consommé.

Alors, fermant les yeux, Jésus revit sans doute
les foules d'autrefois se pressant sur ses pas,
les enfants accourus sur le bord de la route,
les malades guéris emportant leurs grabats,
Pierre disant : « Je crois, Seigneur, et je vous aime. »
Lazare se levant vêtu de son linceul;
mais tous l'avaient quitté, laissant le maître seul
au moment de l'adieu suprême.

Et ce serait ainsi jusqu'à la fin des temps.
Son regard pénétrait la profondeur obscure
des âges à venir et les gouffres béants
d'où montait comme un flot l'humanité future.
De tous ceux qui seraient appelés à la foi,
combien ne répondraient que par un lourd silence,
et pour combien, hélas ! la divine semence
ne lèverait jamais.... Pourquoi ?

Pourquoi, Seigneur ? Voyez : le poids de la matière
nous accable ici-bas et courbe notre front.
Quelquefois nous sentons notre âme prisonnière
frémir en écoutant l'appel doux et profond,
mais votre voix se perd dans la rumeur du monde,
et comment pourrions-nous demeurer avec vous
mon Dieu, quand il nous faut sans cesse au fond de nous
refouler un ferment immonde ?

Nous portons comme vous notre croix, nous suivons
nous aussi le chemin qui nous mène au supplice;
nous tombons sur la route, et nous nous relevons.
Lorsque nous vous prions d'éloigner le calice,

et que jetant vers vous notre appel obstiné,
nous sentons la douleur resserrer son étreinte,
de nos lèvres aussi s'exhale votre plainte :
« Pourquoi m'avoir abandonné ? »

Vous ne répondez pas, et les cieux restent vides;
alors, nous inclinons la tête comme vous;
et la mort qui s'approche étend ses mains avides.
Pourtant vous êtes là, dans l'ombre, auprès de nous !
Quand notre âme en tremblant s'échappe de la terre,
et que tout, pour toujours semble se dérober,
n'est-ce pas dans vos bras que nous allons tomber
pour entrer dans votre lumière ?

Urbi et Orbi[1]

Du haut du Vatican, l'apôtre contemplait
pour la première fois, Rome qui déployait
sous le ciel empourpré sa splendeur souveraine.
Pensif, il regardait s'entasser dans la plaine
et s'étager au loin vers la pente des monts
les temples, les palais, la foule des maisons,
et la brise légère apportait sur son aile
le murmure puissant de la ville éternelle.

« Vous m'avez appelé, mon maître et me voici,
songeait-il, mais d'où vient que vous m'avez choisi
encor tout alourdi du poids de ma misère,
pour vous faire connaître aux peuples de la terre ?
Même après le pardon avez-vous oublié
que tout en vous aimant, je vous ai renié ?
Combien d'hommes perdus dans cette foule immense
où tombera demain la divine semence,

1. Il est probable qu'à son arrivée à Rome, l'apôtre saint Pierre trouva d'abord asile dans le quartier juif qui s'étendait hors des murs de la ville jusqu'au Vatican.

sentent obscurément le besoin de la foi !
Lorsque j'irai vers eux, Seigneur, conduisez-moi,
attirez-les vous-même et mettez dans ma bouche
un accent de tendresse, un appel qui les touche;
c'est vous qu'ils entendront quand je leur parlerai,
et vous pardonnerez quand je les bénirai.
Voici que j'atteins presque au terme de ma vie;
ce sera bientôt l'heure où, ma tâche accomplie,
vous me recueillerez, j'espère, auprès de vous;
j'aurai semé le grain, Seigneur, pour qu'après nous
commencent à monter de la plaine féconde
les lourds épis couvrant le vaste champ du monde.
Votre règne viendra; ces temples, je les vois
dans l'avenir lointain, surmontés de la croix.
Dieu t'a livré le monde, ô Rome, cité reine,
pour que lui consacrant ta force souveraine,
tu jettes à ses pieds l'empire frémissant.
Tu seras dans sa main comme l'outil puissant
qui brise d'un seul coup les antiques idoles;
ta langue portera l'écho de ses paroles
jusqu'aux mers où finit l'univers habité,
et par delà les temps jusqu'à l'éternité.
Au nom de Jésus-Christ dont je suis le vicaire,
que soient bénis en toi les peuples de la terre. »

Les yeux levés au ciel, Pierre étendit les doigts
et traça lentement un grand signe de croix.
La paix du soir tombait sur la plaine tranquille
et l'apôtre, en priant, descendit vers la ville.

Les Chrétiens aux Bêtes

Ils attendent, groupés sur l'arène, à genoux.
Fardé comme une femme et couvert de bijoux,
Néron penche vers eux sa tête bestiale;
sur le visage dur, la pourpre impériale
met un reflet sanglant. Ivre de cruauté,
le peuple inassouvi les insulte et murmure;
au-dessus des gradins rayonne calme et pure
la splendeur d'un beau soir d'été.

Une porte en s'ouvrant démasque un réduit sombre;
des yeux phosphorescents apparaissent dans l'ombre.
Brusquement, d'un seul bond les fauves ont surgi
et rampent en grondant sur le sable rougi.
Mais voici qu'au milieu du grand vaisseau de pierre,
soudain parmi le lourd silence, un chant voilé :
« *Christus vivit, Christus regnat,* » s'est envolé,
montant tout droit vers la lumière.

Nous n'avons pas, Seigneur, connu ces jours sanglants,
mais l'avenir est sombre, et nous sentons tremblants
rôder les passions au-dedans de nous-mêmes.
La foule autour de nous redouble ses blasphèmes
et parmi les clameurs du monde votre appel
affaibli, dédaigné ne s'entend plus qu'à peine;
comme au temps des martyrs exposés dans l'arène,
que nos yeux vous cherchent au ciel !

Les Barbares

I

Ils approchent.... Du haut des tours on aperçoit
au bord de l'horizon où la clarté décroît,
comme un voile flottant de lointaines fumées.
Le vent garde l'odeur des herbes parfumées,
rien ne trouble la paix du soir silencieux,
mais tombant avec l'ombre, une terreur secrète
a déjà resserré son étreinte muette
sur les cœurs anxieux.

Visions d'épouvante, incendie et pillage :
les vierges, les enfants liés pour l'esclavage,
les temples profanés leur servant de prisons,
les cadavres jetés aux portes des maisons
d'où sortent par instant des cris aigus de femmes,
les appels des vainqueurs, les sourds gémissements
des blessés qu'on achève, et les écroulements
des toitures en flammes.

II

Aujourd'hui, comme au temps du vieux monde romain,
nous détournons les yeux du péril de demain
pour goûter l'heure douce et son charme perfide :
« La muraille est épaisse et le rempart solide;
jouissons du présent. L'univers asservi
nous apporte en tribut le luxe et les richesses;
il nous faut le plaisir et toutes les ivresses
du désir assouvi. »

Jouissez. Hâtez-vous. Le dénouement s'apprête.
Entendez-vous, passer parmi vos chants de fête
la haineuse rumeur et les grondements sourds
de la plèbe sans Dieu qui peuple les faubourgs?
C'est la loi d'ici-bas que tout s'écroule et meure;
lentement, sûrement, le flot monte; déjà
les yeux fixés sur vous, les barbares sont là
dans l'ombre, attendant l'heure.

LE SOIR TOMBE

12

Côte à Côte

Tous deux, ils contemplaient la campagne fleurie
que le soleil couchant dorait de ses rayons,
et les souffles du soir, glissaient sur la prairie,
balançant et courbant les tiges des buissons.
La clarté remontait du fond de la vallée
pour se réfugier au sommet du coteau;
la brume doucement étendait son manteau
souple sur la plaine voilée.

Ils suivaient du regard, se tenant par la main,
la lente ascension des flèches de lumière,
et leurs pas rapprochés tout le long du chemin
mêlaient sur le gazon leur empreinte légère.
Pensifs, ils se taisaient, sentant obscurément
s'exhaler au déclin de l'heure parfumée
la plainte d'un adieu, l'impalpable fumée
de ce qui ne vit qu'un moment.

Et quand sur le penchant doré de la colline,
le suprême reflet se fut évanoui,
ainsi qu'un long soupir vibre dans la poitrine
un grand frisson monta sous le ciel assombri.
Leur regard se croisa mélancolique et tendre,
comme s'ils pressentaient que la fuite des jours
laisse tomber sur tout, même sur les amours,
sur le cœur, un peu de leur cendre.

Au matin de la vie, à l'heure où nous voyons
sur un visage aimé, l'aube de la jeunesse,
poser pour un instant l'éclat de ses rayons,
nous nous laissons aller à la subtile ivresse.
Le présent nous suffit. Qu'importe si demain,
doit se voiler pour nous la lueur éphémère
et s'éteindre à jamais le reflet de lumière
perdu dans le passé lointain.

Heureux ceux qui s'en vont au déclin des années,
appuyés l'un sur l'autre, ayant mis en commun
la joie et la douleur, le travail des journées,
les humbles souvenirs avec tout leur parfum;
ceux qui, jetant les yeux sur la route suivie
la voient toujours briller des clartés d'autrefois,
tandis que vibre encor dans l'accent de leur voix
l'aveu qui décida leur vie.

La Vieille Maison

La vieille maison va mourir.
Volets clos et porte fermée,
son abandon fait pressentir
sa fin prochaine. La fumée
depuis longtemps, ne monte plus
au-dessus du toit où la mousse
gagne les pignons vermoulus.
Quand revient le printemps, il pousse
parmi les fentes du vieux mur,
toute une floraison rustique,
et sous la voûte du portique,
les nids trouvent un abri sûr.

Elle aussi, la maison naguère
fut un nid; des enfants joyeux
foulaient autrefois dans leurs jeux
les antiques dalles de pierre
où les pas des morts ont creusé
le sillon qui garde leur trace.
Tout parle d'eux : le seuil usé,
le vieux banc, le rosier vivace

qui monte encor jusqu'au balcon,
le clou planté dans la muraille,
et les traits pour marquer la taille
avec des dates sous un nom.

On dirait qu'aux glaces ternies
s'attarde un reflet incertain
de figures évanouies
dans la brume du temps lointain,
et que parfois le vent apporte
un écho.... Pour toujours, les voix
se sont éteintes, et la porte
s'est close une dernière fois.
Le nid tombe quand la couvée
s'en va pour ne plus revenir;
la maison n'a plus qu'à finir
puisque son œuvre est achevée.

Les vieux murs s'abattront demain;
tout meurt, l'édifice de pierre,
et le frêle amas de poussière
de notre pauvre corps humain.
L'hôte passager qui l'habite
se connaît à peine et pressent
par delà l'étroite limite
l'essor infini qu'il attend.
Puis un jour l'enveloppe tombe
comme les murs de la maison;
c'en est fini de la prison
et l'âme jaillit de la tombe.

La Famille

J'aime à vous évoquer, mes aïeux disparus;
il m'est doux de songer à ceux que j'ai connus,
à ceux dont je retrouve une trace incertaine
comme un reflet noyé dans la brume lointaine,
à ceux qui sont partis, ne laissant ici-bas
qu'un portrait effacé dormant sous la poussière,
une fleur dans un livre, ou gravé sur la pierre,
un nom qu'on ne déchiffre pas.

Dans la chaîne à mon tour je viens à votre place,
relier au passé l'avenir de la race
par un anneau fragile. Au plus profond de nous,
n'avez-vous pas laissé quelque chose de vous?
Quand mon cœur inquiet s'interroge lui-même
ne répondez-vous pas dans l'ombre doucement,
ne m'inspirez-vous pas mystérieusement
ce que je crois, et ce que j'aime?

En naissant, j'ai trouvé pour m'accueillir l'abri
préparé par vos mains, le sourire attendri
de ceux qui m'attendaient, et la maison en fête.
Et quand l'eau du baptême a coulé sur ma tête

à mon tour j'ai reçu l'héritage de foi
que vous m'avez transmis ainsi qu'une lumière,
pour qu'ensuite elle passe étincelante et claire
à ceux qui viendront après moi.

J'ai vieilli. Maintenant, si je cherche la trace
de ceux qui m'ont aimé, leur figure s'efface
et l'écho de leur voix ne se réveille pas.
Combien de temps encor passerai-je ici-bas,
des heures ou des jours, des mois ou des années ?
Mes enfants, je descends la pente du chemin;
à vous de recueillir et de garder demain
nos reliques abandonnées.

Le nom d'abord. Il fut sans tache et respecté;
Dieu veuille qu'après vous, il soit longtemps porté.
Comme nous, vous aurez vos heures de faiblesse;
transmettez-le du moins tel que je vous le laisse,
imprégné d'un passé d'honneur et de devoir.
Nous vous le confions; à vous de le défendre;
souvenez-vous qu'un jour vous aurez à le rendre
à ceux que je ne pourrai voir.

A votre tour, enfants, gardez ardente et pure
la foi de nos aïeux. Ici-bas, rien ne dure;
l'âme est comme un oiseau qui voudrait se poser,
mais qui sent sous le poids la branche se briser.
Il faut chercher plus haut la paix et la lumière.

Mon Dieu, ne laissez nul des nôtres s'égarer;
voyez; nous nous aimons. Puissions-nous resserrer
près de vous la famille entière.

Regard en arrière

Quand je prends à travers le bois
le chemin qui suit la vallée,
il me semble que je revois,
marchant près de moi dans l'allée,
l'enfant que j'étais autrefois;
et, tandis que l'herbe flétrie
amortit le bruit de mes pas,
j'entends une voix assourdie,
se plaindre et murmurer tout bas :
« Dis-moi, qu'as-tu fait de la vie ?
Voici l'heure du souvenir;
rappelle-toi. Qu'elle était belle
alors que s'ouvrait l'avenir.
Dis-moi, comment t'apparaît-elle,
maintenant qu'elle va finir ?

— Le temps a coulé goutte à goutte,
en mêlant bonheur et souci;
j'ai trouvé le long de ma route
des douceurs, de la peine aussi.
J'ai senti l'angoisse du doute
et l'appel profond de la foi.
En vain, je cherche à me connaître;
j'ignore comment et pourquoi
les fautes et le bien peut-être
chaque jour se mêlent en moi.
Mon âme va, comme engourdie,
vers un but qu'elle ne voit pas,
et sa course n'est pas finie.
Va-t-elle à Dieu ?... Nul ici-bas
ne peut juger sa propre vie. »

Couchant

Le soir a mis son manteau d'or,
brodé de pourpre et de lumière,
le vent léger chante et s'endort
dans un murmure de prière.
Echappé d'un clocher lointain,
un *angelus* passe, incertain
comme un souvenir, la fumée
monte blanche et grêle tout droit
vers le ciel au-dessus d'un toit;
la campagne s'est parfumée
d'une odeur subtile, et l'on sent
la paix profonde qui descend.

Dans le calme du soir, s'efface
l'active rumeur des moissons;
sur l'âme, comme à la surface
des étangs, passent des frissons
venus on ne sait d'où : pensées,
rêves anciens, choses passées
qui se raniment un instant,
figures chères dans la brume,
douleurs qui n'ont plus d'amertume.
Et l'ombre fluide s'étend,
alourdissant toute paupière
jusqu'au réveil de la lumière.

Douceur pensive des couchants,
soir du jour et soir de la vie....
Voici l'heure grave où les chants
s'éteignent, la route finie.
Un regard suprême là-bas,
au chemin suivi pas à pas;
des chutes, des efforts, la peine
et le bonheur mêlés.... Si peu
de ferveur et de bien, mon Dieu,
c'est donc là ma mesure pleine,
et je vais partir à mon tour?
Soir de la vie et soir du jour....

La nuit meurtrière qui tombe
va fermer pour le grand sommeil
mes yeux las, Seigneur; mais la tombe
n'est-ce pas plutôt le réveil?

Vous avez soulevé la pierre
du sépulcre, et notre poussière
a sa part d'immortalité.
Je sais bien que nulle malice
ne peut tromper votre justice,
et je sais mon indignité.
Mais, c'est vous le maître suprême....
Et vous m'aimez,... et je vous aime !...

Nuit de Fièvre

La fièvre monte encor. Chambre silencieuse.
L'air est lourd; la lueur douce de la veilleuse
éclaire le plafond de son anneau tremblant;
drapés autour du lit, les plis du rideau blanc
retombent en faisceau de larges bandes sombres;
dans les angles obscurs, on dirait que des ombres
glissent en se mêlant et palpitent sans bruit.
Comme l'adieu rythmé du passé qui s'enfuit,
j'entends les tintements des heures se répondre
de clocher en clocher, sans jamais se confondre,
et par moment, là-bas, dans la campagne, un train
lance à travers la nuit son sifflement lointain.
Ce n'est pas le sommeil, et cependant mon rêve
incohérent et lourd se déroule sans trêve,
obsédant mes yeux clos de ses illusions :
souvenirs déformés, confuses visions
qui viennent et s'en vont, aussitôt effacées,
ronde perpétuelle et folle des pensées
enchaînant au hasard leur vol capricieux,
fantômes de la fièvre, éveil mystérieux

du passé qui dormait au fond de ma mémoire.
Puis, à l'heure indécise où la fenêtre noire
commence à s'éclairer d'un reflet incertain,
mon rêve se dissipe aux clartés du matin.

Entraînés chaque jour au courant de la vie,
nous sentons tournoyer sur notre âme alourdie
les peines, les espoirs, les regrets, les désirs,
les spectres ranimés des anciens souvenirs.
Au milieu des soucis, le temps coule, et voilà
qu'un jour, devenu vieux, on se dit : « Tout cela
est passé comme un songe, une apparence vaine. »

Crépuscule ? Ou reflet de l'aurore prochaine....

La Mort

Ses doigts sont refroidis, ses bras inanimés,
son corps repose inerte, et ses yeux sont fermés
pour toujours.
Près de lui, quelqu'un dit à voix basse :
« Prions, il va mourir. » Dans sa poitrine lasse,
son cœur, avec effort, bat encor faiblement.
Il entend résonner sans trêve un grondement
pareil au bruit d'une eau lointaine qui s'écoule,
et, bien que sa pensée active se déroule,
il sait qu'il est déjà séparé des vivants.
A-t-il compté parmi les heureux, les savants,
a-t-il connu la gloire ou conquis la richesse ?
Qu'importe maintenant ? La pauvre âme en détresse
s'illumine au reflet d'une étrange clarté
qui laisse pressentir déjà l'éternité.

Comme le voyageur du haut de la montagne,
embrasse d'un coup d'œil le pays parcouru
et reconnaît encore à travers la campagne
les détours du chemin nettement apparu,
il voit se ranimer à son heure dernière
tous les vieux souvenirs surgissant d'un passé
qui sommeillait hier encor presque effacé,
fantômes oubliés, sortis de leur poussière.

Voici dans leur splendeur les rêves du matin,
alors que l'avenir rayonnant d'espérance
semblait se dérouler en profondeurs sans fin,
les bonheurs fugitifs, les heures de souffrance,
les succès achetés de peines et d'effort,
les visages aimés passant comme des ombres,
les jours ensoleillés se mêlant aux jours sombres,
et brusquement, l'appel sinistre de la mort.

Eh quoi, si peu de chose, est-ce donc une vie ?
Se débattre un instant parmi les vanités,
les espoirs, les regrets empoisonnés d'envie,
et les ambitions, et les rivalités,
marcher vers l'inconnu les yeux fixés à terre,
se meurtrir en passant aux pierres du chemin,
s'endormir chaque soir en se disant : « demain »,
puis s'éveiller un jour en face du mystère !

Et qui donc, ici-bas, fût-il homme de bien,
ne retrouve en cherchant au fond de sa mémoire,
telle faute honteuse ou tel remords ancien ?
Ni repentir tardif, ni peine expiatoire,

rien ne peut effacer le souvenir vengeur;
nul n'a jamais connu la secrète souillure,
mais quand au cœur meurtri se rouvre la blessure
on sent encor monter au front une rougeur.

L'âme la plus limpide a des profondeurs sombres
que son propre regard ne saurait pénétrer;
elle y voit vaguement passer comme des ombres,
et le mal et le bien toujours s'enchevêtrer :
désirs inavoués, repentirs hypocrites,
envers trouble parfois de nobles actions,
plaisir secret goûté dans les tentations....
Dieu seul sonde les cœurs et pèse les mérites.

Le mourant, les yeux clos, semble s'être endormi,
son souffle plus léger ne se perçoit qu'à peine,
il a franchi déjà le passage à demi,
on dirait qu'il s'en va dans une paix sereine,
et c'est l'heure pourtant où l'angoisse le mord,
où son être épuisé se déchire lui-même,
où jaillit en tremblant sa prière suprême
vers Celui qui l'attend aux portes de la mort.

« Ayez pitié, Seigneur; chargé de mes offenses,
je suis seul devant vous; qui prendra ma défense
sinon vous qui m'aimez?
Vous savez mieux que moi les fautes que j'ai faites,
et je succomberai sous le poids de ma dette,
si vous la réclamez !

Indifférent, distrait, plus d'une fois sans doute,
j'ai passé mon chemin en laissant sur la route
le pauvre à l'abandon;
mais quelquefois aussi, j'ai, d'une main docile,
donné le verre d'eau dont parle l'Evangile,
Seigneur, en votre nom.

J'ai senti certains jours trembler ma foi timide;
mon cœur désemparé restait inerte et vide,
mais sans savoir comment,
je vous trouvais encore au fond de ma détresse,
puisque je recourais, pour guérir ma faiblesse
à votre sacrement.

Et n'est-ce pas aussi pour moi, pour ma pauvre âme
que vous avez laissé, sur une croix infâme
couler le sang divin;
ne me cherchiez-vous pas pendant votre supplice,
ne m'appeliez-vous pas ? Que votre sacrifice
ne soit pas resté vain.

Voyez, je viens à vous muni du viatique;
je porte encore en moi le pain eucharistique;
ne me repoussez pas !
C'est l'éternel repos près de vous que j'envie,
j'espère en vous, je vais sortir de cette vie,
Seigneur, ouvrez vos bras ! »

Nul, autour du mourant, n'entend l'humble prière.
Elle s'envole à Dieu. C'est l'heure du mystère :
un soupir, et le front retombe lourdement....

Le lien s'est rompu. Voici le jugement.

L'Œuvre

Lentement, d'une main patiente, l'artiste
a pétri la matière hostile qui résiste,
et voici que soudain une forme a surgi.
Comme un être vivant brusquement affranchi,
dès maintenant, son œuvre à peine terminée
lui devient étrangère et s'échappe à jamais.
Les liens sont brisés; elle suit désormais
sa propre destinée.

Au hasard, elle va par le monde, emportant
et fixant pour toujours ce qui fut un instant
son empreinte changeante ou l'image d'un rêve;
tandis que les vivants se transforment sans trêve,
elle reste immuable et lointaine à la fois;
elle retient encor captives les pensées
qui se mêlent en lui déjà presque effacées
aux ombres d'autrefois.

Tout livre a son destin : pour l'un l'oubli rapide,
pour d'autres le succès éphémère et perfide
préludant au mépris qui tombera sur eux,
et venant du passé, quelques rares heureux
moins fragiles que nous traversent les années
en gardant leur jeunesse, en chantant leurs amours,
et nous penchant sur eux, nous respirons toujours
leurs grâces surannées.

Chez les uns nous trouvons un conseil, un appui,
un confident aux jours de détresse ou d'ennui,
et chez d'autres, hélas ! quelquefois chez les mêmes,
les fantômes impurs, le doute, les blasphèmes.
L'auteur s'en est allé depuis longtemps déjà,
laissant à l'abandon ses œuvres commencées,
emportant le fardeau de ses fautes passées
et du mal qu'il fera.

La page que j'écris, un jour lointain peut-être
tombera sous des yeux que je ne puis connaître
alors que pour toujours les miens seront fermés.
Les échos de ma voix un instant ranimés
s'éveilleront encor pour un adieu suprême.
Que ce dernier appel soit un acte de foi,
et vous redise, à vous qui viendrez après moi :
« Je crois, j'espère, et j'aime. »

TABLE

TABLE DES MATIÈRES

JEUX ET PROMENADES

Promenade au bois 3
Versailles 6
Trianon 11
Au Pays romantique 14
Muse des bois 18
Idylle automobile 20
Les Enfants jouent 22
Bridge 24
Puzzle 26
Album 27
Concours hippique 28
Mode 31
Snobs 33
Arts poétiques 35

INTIMITÉS ET SONGERIES

Inquiétude 43
Inspiration 46
Résonnances. 48
Musique 50
L'Envers. 54
Les Livres 57
Le Soir sur la ville. 59
La Belle au Bois dormant. 61
Le Juif-Errant 62
T. S. F. 64
Le Bonheur 66
Isolement 67
Beauté inconnue. 68
Bergères de France. 70
Jeunes Filles. 73
Chanson 74
Les Fleurs tombent. 75
Mademoiselle 76
Confidence 78
Le Retour 80

LA GUERRE PASSE

Les deux Printemps. 1914-1915. 85
Noël d'Artois. 87
Au Repos 89
Les Pensées se croisent 91
Fin de permission. 93
Veuves de guerre 96
Les Fêtes de Jeanne d'Arc 97

MÉDITATIONS ET PRIÈRES

L'Idole 103
Le Choix 106
La Cloison 109
Harmonie 111
Ascension 113
Messe matinale 116
Vêpres de campagne 119
Cimetière de campagne 123
La Source 126
La Ruche 128
L'Eclair 130
Jours sombres 132
A Verlaine 135
L'Appel 138
Sur le Seuil 140
Le Rosier blanc 142
Sans Elle 143

EN CE TEMPS-LA

Notre-Dame-de-la-Crèche 149
Le Repos en Egypte 151
Les Enfants 155
La Foi 157
Simon et Véronique 159
Le Calvaire 161
Urbi et *Orbi* 164
Les Chrétiens aux bêtes 166
Les Barbares 168

LE SOIR TOMBE

Côte à côte 173
La vieille Maison 175
La Famille 177
Regard en arrière 179
Couchant. 181
Nuit de fièvre 184
La Mort 186
L'Œuvre 190

0-833 AVIGNON. — MAISON AUBANEL FRÈRES

IMPRIMERIE
AUBANEL Frès
AVIGNON

BIBLIOTHEQUE NATIONALE DE FRANCE
3 7502 01396794 0

www.ingramcontent.com/pod-product-compliance
Ingram Content Group UK Ltd.
Pitfield, Milton Keynes, MK11 3LW, UK
UKHW020552180726
13838UKWH00001B/195